Une foi d'adulte

L'HORIZON DU CROYANT

sous le patronage

de l'Université Saint-Paul (Ottawa)

et la direction

de Normand Provencher

Une foi d'adulte

Paul-André Giguère

NOVALIS

Une foi d'adulte
est publié sous la responsabilité
de Novalis, Université Saint-Paul, Ottawa.

Couverture: photo de Michel Maillé.

Maquette: Gilles Lépine.

Dépôts légaux: 2e trimestre 1991
Bibliothèque nationale du Canada
Bibliothèque nationale du Québec

Novalis, C.P. 990, Outremont (Québec) H2V 4S7

ISBN: 2-89088-504-6

Imprimé au Canada

NOVALIS

Introduction

Pour un grand nombre d'adultes, la foi est une expérience qui fait problème. Certains parmi ceux qui ont été élevés dans la foi chrétienne ont, brusquement ou progressivement, mis de côté les croyances et les pratiques de leur enfance, ne conservant qu'une vague croyance en un Être suprême et en un au-delà aux contours imprécis. D'autres ont conservé des références plus claires au Christ et à l'Évangile, mais ont pris leurs distances face à l'institution ecclésiale et à ses enseignements. D'autres encore se sont forgé une religion personnelle qui emprunte autant aux religions orientales et à la psychologie populaire contemporaine qu'au christianisme.

Contrairement à ce qu'on pourrait penser, la foi n'est pas sans problème pour les adultes qui se reconnaissent une appartenance explicite à l'Église et qui participent à sa vie avec une certaine régularité. Beaucoup d'entre eux connaissent un jour une épreuve qui les prend par surprise et les déconcerte: ils se sentent décrocher et ont l'impression de «perdre la foi». Un très grand nombre sont en désaccord explicite avec telle croyance ou telle pratique exigée par les autorités de l'Église. La confrontation avec ceux qui ne partagent pas leurs convictions, souvent au sein même de leur famille, les trouve parfois malhabiles pour dire leur foi et souvent démunis face à des objections dont ils ne peuvent nier la pertinence. D'autres, encore, qui ont pris leurs distances face à l'univers religieux, connaissent vers la quarantaine un surgissement nouveau d'interrogations profondes et se demandent: l'expérience de croire est-elle nécessairement infantilisante ou est-il possible de la vivre et d'y progresser sans renoncer à être adulte? Enfin, comment ne pas reconnaître l'insatisfaction de ceux qui s'estiment peu nourris et mal soutenus dans leur recherche spirituelle? Ils sentent bien que la foi les appelle à un dépassement, mais ce qu'on leur propose est insipide et ne leur indique même pas dans quelle direction ils pourraient s'avancer.

Ainsi, isolés et désemparés, parce qu'on parle de moins en moins de ces choses dans le monde d'aujourd'hui et, curieusement, dans plusieurs milieux d'Église, les adultes n'ont pas de points de repère pour discerner si ce qui leur arrive est normal ou inquiétant. Ils ne trouvent pas de guide pour les éclairer, ils sont laissés à eux-mêmes pour traverser ces étapes de leur vie qui touchent à ce qu'il y a de plus profond dans l'être humain. Comme des voyageurs en un pays inconnu, ils se demandent s'il existe des cartes qui montrent les routes qu'il est possible d'emprunter.

C'est en portant cette multitude de questions que j'ai écrit ce livre. J'ai réfléchi sur mon expérience de travail et d'accompagnement auprès d'adultes en recherche. J'ai puisé dans la littérature spécialisée, en particulier dans les études nord-américaines de psychologie évolutive, peu connues du public de langue française. J'ai voulu, dans ce livre, décrire des cheminements. Si à l'occasion la théologie fait surface ici et là, c'est toujours en contrepoint de l'expérience et en dialogue avec elle. Car «le psychisme n'est pas étranger à la grâce... le spirituel est présent et opérant dans le psychisme»[1].

---

[1] A. Vergote, «Le dialogue pastoral», *La relation pastorale*, Paris, Cerf, 1968, pp. 152-153.

Les deux premiers chapitres portent sur les deux termes du titre de ce volume: une foi d'adulte. Le chapitre premier décrit donc l'âge adulte en mettant l'accent sur la diversité des situations et sur quatre points communs à tout adulte, du moins dans la culture occidentale. Il est suivi d'un chapitre consacré à la foi chrétienne, où l'accent est mis sur le caractère dynamique et changeant de l'expérience de croire.

Ce caractère dynamique et changeant est décrit dans la section «une foi d'adulte» qui comporte deux chapitres. Le chapitre trois présente le modèle de développement de la foi élaboré par James Fowler, en insistant sur les stades où se trouvent la majorité des adultes. On y voit qu'il est normal que les adultes réaménagent de façon importante leur univers de sens et qu'ils ne le font pas n'importe comment. La transition d'un stade à un autre du développement de la foi est décrite au chapitre quatre. On y présente les étapes d'un passage et on précise certains facteurs qui peuvent le faciliter ou le rendre plus difficile.

On sent bien, par ailleurs, qu'il doit exister une différence entre ce qu'on pourrait appeler une foi adulte par opposition à une foi infantile. Dans la section «une foi adulte», on suggère six passages vers la maturité dans la foi. Le chapitre cinq décrit trois passages vers une foi adulte qui se situent dans le prolongement des aspirations et des capacités humaines fondamentales: la liberté, la recherche de sens et l'intelligence. Le chapitre six en présente trois autres qui font en quelque sorte violence à la sagesse humaine: l'abandon, l'obscurité et le non-rationnel.

Enfin, le dernier chapitre montre comment la relation à l'autre est vraiment au cœur de toute dynamique de croissance dans la foi. Quand on réussit à passer, dans ses relations aux autres, de la dépendance à la communion, on accède à une intégration progressive de son être qui permet l'ouverture intérieure et la liberté auxquelles aspire tout être humain.

Ce livre s'adresse donc aux adultes pour qui la recherche spirituelle est importante et qui la mènent en référence à la foi chrétienne, ou au moins ne se refusent pas à s'intéresser à cette voie. Il ne propose pas de recettes. Il ne prescrit rien. Il décrit. Il fait voir. Il confirme. Il fait comprendre. Il révèle l'existence de voies praticables.Ce livre est un plaidoyer pour l'autonomie de l'adulte. Un chant à sa responsabilité. Un manifeste en faveur de la légitimité des cheminements divers. Une provocation à aller de l'avant malgré les obstacles et les résistances.

Il y a un autre livre à écrire. C'est celui que chaque lectrice, chaque lecteur rédige avec les réactions que celui-ci soulève en elle ou en lui. Car on ne prétend pas, ici, avoir le dernier mot. On rêve plutôt de susciter une parole personnelle. Inédite. Vraie comme la vie[2].

---

[2] Je reconnais ici devoir beaucoup aux amies et amis qui ont patiemment lu et commenté une première version du manuscrit, à mes collègues de l'Institut de pastorale du Collège universitaire dominicain, aux amis qui ont mis à ma disposition un lieu retiré pour les périodes de la rédaction, et surtout à ma famille qui s'est souvent privée de ma présence pour me faciliter la tâche.

SECTION 1

Adulte et foi

CHAPITRE 1

Vous avez dit: adulte?

L'âge de la stabilité

L'âge adulte apparaît toujours comme la grande période de stabilité de la vie humaine. Cela n'est pas sans raisons. L'absence de changements physiques majeurs et une relative constance de la personnalité caractérisent en effet la période centrale de la vie.

Le développement corporel spectaculaire du nouveau-né se poursuit dans la croissance rapide de l'enfant. L'accès à l'âge adulte correspond grosso modo au temps où cessent les modifications de la puberté. Désormais, la taille et les traits sont stables. On peut revoir une personne après un intervalle de cinq ou même de dix ans et la reconnaître immédiatement. Tout juste peut-être aura-t-elle pris de l'embonpoint; on observera, sans le lui dire, les lignes tracées sur son front et au coin de ses yeux, ou le blanchissement précoce de ses cheveux ou de sa barbe.

Une personne aura le sentiment de toucher au terme de l'âge adulte et de passer vers la vieillesse lorsque sa vue baissera, lorsque sa résistance physique et ses énergies diminueront de façon perceptible, lorsqu'elle se découvrira plus lente dans l'accomplissement des tâches familières et des gestes quotidiens.

L'âge adulte est donc marqué par une véritable stabilité au plan corporel. Les modifications qui s'y produisent sont relativement mineures quand on les compare à celles qui marquent l'enfance et la vieillesse.

On peut en dire autant de la dimension psychologique. L'entrée dans l'âge adulte s'effectue au terme d'une lente croissance vers la conscience et l'affirmation de son identité. Par une progression continue, l'enfant se distingue peu à peu du monde environnant, en particulier de ses parents. L'adolescence est la période privilégiée au cours de laquelle se prend une nécessaire distance intérieure par rapport aux valeurs reçues de la famille, de la société, de l'Église. Les attitudes et les comportements des adolescents sont facilement marqués au coin de la contradiction. Ils brûlent un mois ce qu'ils ont adoré le mois précédent et défendent farouchement auprès de leurs amis un point de vue contre lequel ils ont argumenté l'instant d'avant avec leurs parents. Par ce jeu d'exploration des extrêmes, les adolescents donnent peu à peu une forme originale à leur personnalité et affirment leur conscience d'être un être singulier.

L'âge adulte est habituellement marqué par la stabilité psychologique. La personne a fait son nid. Elle s'est construit un système de croyances et de valeurs, une vision du monde, un système de représentations qui lui permettent de juger des personnes et des choses et de se conduire avec consistance. Elle a acquis une certaine vision d'elle-même qui commande ses choix. Et il est rare qu'elle en change spontanément; au contraire, l'adulte cherche généralement à se protéger des perturbations qui pourraient menacer son univers intérieur. Cette stabilité est d'ailleurs bien perçue par les autres qui savent reconnaître les façons de penser et de vivre d'une personne et ne sont pas surpris de ses réactions dans une situation précise; souvent, ils auraient même pu les prédire.

La sagesse populaire veut qu'on change plus difficilement à mesure que l'on vieillit. Elle dit aussi que l'arbre tombe du côté où il penche. La stabilité de l'adulte est si grande que sauf en cas de maladie grave, la vieillesse vient rarement altérer l'univers intérieur d'une personne. C'est la raison principale pour laquelle il ne sera pas fait de distinction, dans ce livre, entre les adultes et les personnes âgées.

L'âge de la diversité

L'expérience de la vie montre toutefois que même si l'âge adulte représente une sorte de plateau dans le déploiement de l'existence humaine, chacun y séjourne à sa façon. C'est ce qui en fait toute la richesse et toute la complexité.

Beaucoup de parents suivent avec attention chaque étape du développement de leur enfant. Les ouvrages ne manquent pas pour les décrire, aussi bien les livres de vulgarisation populaire que les publications scientifiques. On y trouve décrites dans le détail les caractéristiques des bébés de deux mois et celles des bébés de huit mois. On y explique, avec exemples à l'appui, les réactions typiques et prévisibles des enfants de cinq ans et les comportements des garçons et des filles durant la période de latence.

Est-il besoin de dire que rien de tel n'est plus possible dès qu'on a affaire aux adultes? Il serait insensé de prétendre pouvoir établir une comparaison entre les femmes de quarante-trois ans et les hommes du même âge, ou de vouloir prédire ce qui arrivera aux hommes quand ils auront entre cinquante-cinq et soixante ans.

L'âge adulte est l'âge de l'individualité (à ne pas confondre avec l'individualisme). À compter de la fin de l'adolescence, chaque personne devient de plus en plus unique, irréductible à personne d'autre. Les expériences vécues deviennent de plus en plus diversifiées: non seulement les personnes vivent un plus grand nombre de choses différentes, mais même lorsqu'elles vivent les mêmes choses, elles les vivent différemment les unes des autres. Elles ne sont pas affectées par elles de la même façon et n'en tirent pas les mêmes leçons.

Cinq facteurs de diversité

Cette diversité personnelle est fortement influencée, et parfois accentuée, par les appartenances des personnes. La classe sociale est un premier facteur d'influence. On n'a pas le même système de croyances et de valeurs quand on appartient à la bourgeoisie et quand on vit en milieu populaire. Il en va de même du niveau de scolarité que l'on a atteint: selon qu'on a complété des études plus ou moins avancées, on n'a pas la même façon de voir et de juger des situations et des événements, comme le montrent la plupart des sondages d'opinion.

L'appartenance culturelle est un autre important facteur de différenciation. La culture est en effet la manière d'être au monde propre à un groupe. Elle comporte la façon de concevoir le temps et la durée, la place que l'on accorde à la famille, le sens que l'on donne au travail, les modalités des rapports homme-femme et de l'exercice de l'autorité parentale, l'estime dans laquelle on tient certaines manifestations extérieures du patriotisme ou des convictions religieuses. Or le monde est de plus en plus pluraliste, et dans une même ville, les mêmes réalités sont vécues différemment par les citoyens d'origine grecque, haïtienne, arabe ou tamoule.

Que dire des différences de personnalité? Transcendant les stratifications sociales, elles constituent une des dimensions les plus éclatantes de la diversité. Telle personne se caractérise par une remarquable ouverture à l'inédit, alors que telle autre se sent plutôt menacée par la nouveauté. À côté d'un individu reconnu pour sa timidité, on rencontrera la personne qui ne manque pas d'assurance en elle-même. Untel a des convictions fortes et consent avec aisance à se laisser interroger et à réviser son système de valeurs alors que tel autre, tout aussi convaincu, n'est absolument pas disposé à se remettre en question et est plutôt porté à discréditer ceux qui ne pensent pas comme lui. Il y a ceux qui perçoivent la réalité de façon intuitive, ceux qui saisissent les choses de façon globale, ceux qui sont très structurés.

Faut-il insister pour dire qu'hommes et femmes ne traversent pas la vie de la même façon? Sans entrer dans les débats en cours, ne convient-il pas de reconnaître sinon une spécificité, du moins une différence qui ne se réduit pas aux particularités biologiques? À quoi tient cette différence? À l'éducation familiale et aux stéréotypes qu'impose une culture donnée, sans doute. À une sorte d'atavisme ou de mémoire collective de l'humanité, peut-être. À une véritable différenciation naturelle englobant la personnalité tout entière? Qui sait? Nul ne peut cependant nier que malgré d'indéniables exceptions, hommes et femmes diffèrent dans leur façon de se situer face au travail, à la violence, au corps, à la sexualité, au pouvoir, à la vie.

Ainsi donc, la classe sociale, le niveau de scolarité, la culture, les différences de personnalité et de sexe prédisposent, en quelque sorte, à ce que la vie adulte soit traversée de façon différente par chacun. Il faut encore mentionner, à côté de ces conditions en quelque sorte permanentes, l'influence déterminante des «jeux de l'amour et du hasard» pour imprimer à chaque existence son caractère profondément original. La chance et la malchance, le hasard et la fatalité créent un enchevêtrement de situations absolument unique pour chaque être humain. Subir un divorce, passer continuellement d'un emploi précaire à un autre, avoir des enfants, être victime de viol, séjourner quelques années à l'étranger pour le service militaire ou pour des études, émigrer, tomber amoureux: autant d'événements qui marquent pour un temps ou pour la vie, qui souvent séparent l'existence entre un avant et un après. Ce sont des choses qui arrivent, comme on dit. On les choisit parfois mais on les subit souvent et on doit s'ajuster ou faire des compromis.

Non seulement ces choses «arrivent» aux uns et pas aux autres suivant d'ailleurs d'étranges combinaisons, mais pour les uns et pour les autres, elles n'ont pas la même signification. Il y a des personnes dont le divorce brise définitivement l'existence, porte un coup fatal à l'estime qu'elles ont d'elles-mêmes ou à leur capacité d'entrer en relation harmonieuse avec les personnes de l'autre sexe. Pour d'autres, au contraire, le divorce est l'occasion de s'affirmer, de sortir d'un état de dépendance et de grandir dans le respect de soi. Pour certains immigrants, l'arrivée dans leur pays d'adoption marque le début d'une nouvelle vie. Elle signifie l'affranchissement de traditions culturelles vécues sous le mode de la contrainte ou la promotion sociale enfin réalisée. Pour d'autres, au contraire, c'est le début d'un repli frileux dans la nostalgie du pays d'origine et l'adoption d'une attitude d'amertume et de méfiance face à la culture d'accueil.

Une succession d'étapes

Il peut apparaître étrange d'insinuer que cette étape de la vie qu'est l'âge adulte est elle-même constituée d'étapes. Rien n'est cependant plus vrai. La vie adulte, du moins en Occident, est faite d'étapes. On connaît bien l'étape du milieu de la vie, ce passage souvent malaisé de la quarantaine, où presque tout est réexaminé, non pas de façon rationnelle, mais existentielle. Bien d'autres passages marquent l'existence adulte qui est plutôt faite d'une succession de phases de stabilité entrecoupées de phases de transition qui surviennent généralement au passage des décennies (autour de trente, quarante, cinquante et soixante ans).

Chaque étape de la vie de l'adulte le place devant des défis nouveaux, l'oblige à des ajustements souvent difficiles. L'étape où l'on jette les bases d'une relation de couple met à l'épreuve la capacité d'intimité de l'individu. Celle où l'on élève des enfants et exerce des responsabilités sociales et professionnelles fait appel à la capacité de se décentrer de soi et de préparer l'avenir. Celle enfin où sa vie est désormais derrière soi, où l'on ne peut plus espérer réaliser d'autres rêves que ceux qui sont déjà inscrits dans son existence, pose le défi de l'acceptation sereine de son existence telle qu'elle a été.

Ainsi, on n'est pas vraiment le même, on ne voit pas les choses et on ne réagit pas de la même façon à trente-cinq ans et à cinquante-cinq. L'existence du cycle de la vie adulte, comme on l'appelle, oblige à ne parler qu'avec précautions de «l'âge adulte» en général. Cet âge a ses saisons (ne parle-t-on pas de l'automne de la vie), ses heures (ne parle-t-on pas du matin ou du soir de la vie) et son développement (ne parle-t-on pas de la fleur de l'âge ou des fruits de la maturité).

Unicité et originalité

Chaque vie adulte, chaque vie humaine devrions-nous dire, est profondément originale. Chacun, chacune fait le voyage par des chemins différents. Emprunte-t-on la même route que d'autres qu'on ne va pas au même rythme, on ne cueille pas les mêmes fleurs, on n'observe pas les mêmes aspects du paysage. La vie de chaque adulte est donc unique.

La personne psychiquement saine est consciente de ce qui la rend unique. Elle s'estime dans ce qu'elle a d'original et de particulier. Elle a cessé de se comparer de façon maladive soit à ceux qu'elle considère supérieurs, pour se déprécier, soit à ceux qu'elle estime dépourvus, pour se grandir. Bien sûr, tel adulte est plus habile dans un domaine, tel autre plus instruit dans tel autre. Mais au fond, il ne s'agit ni d'être plus, ni d'être moins. L'âge adulte est moins l'âge de l'inégalité que l'âge de la différence. C'est apporter sa contribution à l'humanité que de cultiver son unicité et de reconnaître la nécessaire complémentarité des ressources, des attitudes et des expériences.

Si la vie de l'adulte est différente de celle des autres, elle est même très souvent différente de la vie que l'on a rêvée. Au seuil de l'âge adulte, c'est-à-dire à la sortie de l'adolescence, à l'âge où tout, ou presque, semble possible, on entrevoit des façons privilégiées de vivre sa vie. On caresse des rêves et des projets. Et puis, peu à peu, on compose avec la réalité. Tout n'est pas possible. Voilà pourquoi, pour le psychologue Erikson, le dernier défi de la vie psychique de l'adulte est celui de l'intégrité, qui réside dans l'acceptation intégrale de son existence — telle qu'elle a été. Non, elle n'a pas été celle que l'on avait rêvé de vivre. Oui, il y a eu des moments exaltants; oui, on a réalisé certains de ses idéaux, parfois même au-delà de ce qu'on avait pu espérer. Mais il y a eu aussi des échecs, des désirs profonds demeurés inaccomplis, voire frustrés. Accepter positivement l'ensemble de son existence comme existence unique, différente de celle des autres, différente aussi de la vie que l'on avait rêvé de vivre, l'apprécier sereinement avec ses ombres comme ses lumières, ses réussites comme ses échecs, c'est ce qu'Erikson appelle accéder à la sagesse.

Quatre constantes

Et pourtant, malgré tout ce qui vient d'être dit, ce livre parle de «l'adulte» en général. Voici quatre traits de l'âge adulte tellement répandus, au moins en Occident, que malgré toutes les diversités que l'on vient d'énumérer, on peut parler «des adultes». Ce sont l'autonomie, l'expérience, l'importance des rôles et fonctions et la relation au temps.

L'autonomie

Il est difficile de marquer avec exactitude le moment où l'on peut dire de quelqu'un qu'il ou elle est adulte. Ce moment varie sensiblement selon les cultures et les époques, comme le montrent les études ethnologiques ou les législations des différents pays. Et même lorsqu'une société reconnaît quelqu'un comme adulte une fois qu'il a subi un rite d'initiation ou une fois qu'il a dix-huit ou vingt-et-un ans, quantité d'individus n'ont manifestement pas la maturité attendue d'un (jeune) adulte alors que d'autres l'avaient atteinte bien avant le moment de leur reconnaissance sociale.

Cette reconnaissance sociale et juridique s'appuie sur la présomption que la personne est désormais autonome et responsable d'elle-même. Jusque-là, ce sont les parents que le législateur ou les chefs de la tribu ont considérés responsables des actes de leurs enfants. L'enfance et l'adolescence sont les périodes de l'apprentissage de l'autonomie, de la capacité de faire des choix et d'en porter les conséquences. Cette conquête de l'autonomie commence très tôt et a dès le départ une grande importance symbolique. Qu'on songe à la fierté du petit enfant qui peut désormais «faire ses besoins tout seul» et au sentiment de pouvoir qui accompagne la période où il dit systématiquement «non» à tout. Qu'on songe, à l'inverse, à ce que représente pour des personnes âgées la perte de leur autonomie et la conscience de devenir dépendantes des autres.

L'autonomie est vraiment une des caractéristiques majeures de la vie adulte. Sans doute est-on autonome à des degrés divers: tel qui se débrouille avec aisance dans les tâches complexes d'un métier est lamentablement dépendant quand vient le moment de faire cuire un œuf. Mais au fond de leur être, les adultes se savent et se sentent maîtres de leurs projets et de leurs décisions. Ils aiment se fixer des buts. Ils détestent qu'on cherche à leur imposer une manière de faire ou une manière de penser. S'ils en éprouvent le besoin, ils demanderont des conseils sur une façon de faire ou de réagir dans une situation pour eux inédite; mais ce sont eux qui auront pris l'initiative de la démarche.

L'expérience

Une seconde caractéristique de l'adulte, c'est l'expérience. Tout comme l'autonomie, l'expérience est une question de degré et on rencontre des adolescents de dix-sept ans qui ont plus d'expérience que des adultes de trente ans. Avoir de l'expérience signifie d'abord, bien sûr, avoir vécu beaucoup de choses. Avec le temps, on acquiert de l'expérience et plus on en a, moins on risque d'être surpris par le caractère inédit de certaines situations. Quand une personne se retrouve pour la dixième ou la centième fois dans la même situation, elle a beaucoup plus d'assurance que lorsqu'elle y a été exposée la première fois.

Mais non seulement cette expérience est-elle de plus en plus grande, au sens où l'être humain vit de plus en plus de choses, mais elle est habituellement de plus en plus diversifiée. Ce trait est plus marqué dans la vie urbaine que dans la vie rurale où les rythmes imposés par les saisons ou les besoins des bêtes sont réguliers, commandent des gestes répétitifs et laissent peu de loisir pour tenter de vivre autre chose. La ville offre au contraire, à toute heure du jour et de la nuit et en toute saison, une étonnante variété de stimulations et d'invitations à vivre des expériences diverses.

Qu'est-ce que cela implique, pour l'adulte, d'avoir de l'expérience? D'abord, on l'a vu, une plus grande assurance face à la vie et face à soi-même. L'expérience contribue ainsi directement à accroître le sentiment d'autonomie dont on a parlé plus haut. Mais l'expérience joue aussi un rôle dans l'identité sociale de la personne. On peut devenir pour les autres une ressource, quelqu'un qui peut être consulté, quelqu'un qui, sous un angle particulier, est compétent. Bébé est couvert de boutons apparus durant la nuit? La voisine ou la belle-sœur, qui a de jeunes enfants, peut être consultée. Vous projetez un voyage dans les îles grecques? Untel y est allé l'an dernier, il pourra vous donner des indications.

Plus profondément encore, l'expérience structure la façon de voir la vie et cristallise les façons de vivre. Avec l'expérience, on découvre quelle est la meilleure route pour se rendre au travail ou pour contourner un bouchon de circulation; on se fait une idée sur ce que sont les fonctionnaires et on adopte tel loisir plutôt que tel autre. L'expérience crée des habitudes, des routines, des préjugés, des conventions, des traditions. L'expérience définit ainsi une vision du monde et de la vie. Comme cet équilibre intérieur tend vers une certaine cohérence et puisqu'on ne peut pas remettre constamment en cause ses convictions et ses certitudes, c'est souvent au nom de l'expérience que l'on résiste au changement.

Les rôles sociaux

De la naissance à la mort, la vie humaine se déploie sur un fond de relations, aussi bien avec la matière qu'avec les autres vivants et surtout les autres humains. Cette écologie humaine fait de chaque individu un partenaire pour d'autres individus et de chaque groupe un vis-à-vis pour d'autres groupes. On appelle rôles sociaux l'ensemble des responsabilités et des attentes réciproques engendrées par les relations les plus stables de l'humain face aux autres humains de son environnement. Ces rôles ont une influence considérable sur la vie de chaque personne, sur sa recherche de sens et de bonheur.

Même le déroulement quotidien de la vie de l'adulte reflète habituellement moins sa personnalité profonde que les exigences de ses différents rôles sociaux. Être le conjoint de quelqu'un, le parent de ses enfants, l'employé de tel service, tenir un petit jardin, consacrer une partie de ses loisirs à animer un groupe scout: voilà ce qui commande l'emploi du temps de la plupart des adultes. Voilà aussi comment concrètement ils prennent conscience de leurs ressources de créativité, de jugement, de générosité, de fantaisie, en un mot de ce qu'ils sont. C'est dans l'exercice de ses rôles sociaux que l'adulte cherche à se réaliser.

L'exercice des rôles est le lieu d'émergence des grandes questions de l'existence, le lieu où prennent naissance et se résolvent les conflits, le lieu où s'élaborent les principales décisions qui impriment un cours parfois définitif à une vie. Les rôles sont le lieu où s'écrit à chaque jour l'histoire de chacun, qu'il ne lui sera plus possible d'effacer et qui conditionnent de façon importante son sentiment d'identité.

Les rôles ont une influence déterminante dans la conscience que l'on a de soi et de son identité. Les personnes sont presque toujours définies par l'extérieur: «C'est la fille de Paulette, là, avec le petit livreur de journaux! Chut, voici la femme du patron. Tiens! voilà le curé...» C'est aussi par l'extérieur que l'on se définit soi-même aux autres: «Je suis vendeuse, et vous? Moi, je suis chimiste chez...» Les rôles sont une sorte de miroir où les autres nous renvoient notre image. Nécessaires, utiles, les rôles peuvent aussi devenir une prison. Surtout quand on a du succès. «Quand tu réussis, les gens te pointent du doigt, confie une femme agent immobilier. Tu deviens une sorte de personnage, tu es dépossédée de toi-même.» Il en est de certaines personnes comme de comédiens d'une série télévisée dont le public ne connaît pas le nom, mais seulement l'identité fictive, le rôle, justement. Combien de femmes se sont demandé qui elles étaient vraiment quand le dernier enfant a appris à voler de ses propres ailes et que le rôle de «mère» a perdu sa force mobilisatrice? Combien d'hommes passés à la retraite ne savent plus comment canaliser leur énergie depuis que, dépouillés de leur identité professionnelle, ils ne savent plus qui ils sont? Félix Leclerc avait raison d'écrire que «la meilleure façon de tuer un homme, c'est de le payer pour ne rien faire». Entretenir le chômage au nom de la santé de l'économie, c'est priver des êtres humains du sentiment de leur valeur, de la conscience de pouvoir être utiles, de la connaissance de leurs ressources personnelles, du sentiment de servir de modèle à d'autres et en premier lieu à leurs propres enfants.

Plus on a de rôles sociaux, plus il est difficile d'unifier sa vie. Dans la société occidentale, ils sont à la fois multiples et fragmentés. Ils ne se complètent pas toujours et l'adulte expérimente parfois des conflits sérieux qui ont pour origine les exigences de ses rôles respectifs. Il est, par exemple, difficile à de jeunes parents d'être aussi présents qu'ils le voudraient à leurs enfants et, dans le même temps, de soutenir l'intense compétition dans laquelle les exigences d'un début de carrière les entraîne. On ne saurait donc trop insister sur l'importance des rôles sociaux comme trait de la vie adulte.

Le rapport au temps

Voici enfin une quatrième caractéristique de l'âge adulte qui semble plus que d'autres liée aux exigences de la vie urbaine. À la différence de l'enfant qui n'a pas ou a peu la notion du temps, l'adulte est au contraire très conscient que le temps est limité. Voilà pourquoi il lui accorde de la valeur. Il y a là en partie une influence du monde capitaliste des affaires pour qui «le temps, c'est de l'argent». Ce trait influence de façon subtile le déroulement de la vie quotidienne. On veut toujours faire le plus possible dans le moins de temps possible: on prend le train le plus rapide ou on emprunte la route la plus directe, on accélère la vitesse de traitement de l'information par les ordinateurs, on met au point le four à micro-ondes... La vie devient ainsi, habituellement sans qu'on en soit très conscient, une course contre la montre. Exposé à ce système, l'adulte en vient à percevoir le temps sinon comme un ennemi, du moins comme une denrée rarissime, qu'il faut utiliser de façon prudente. L'adulte n'a pas de temps à perdre.

Ce sentiment est accentué par la multiplicité des tâches reliées à la diversité des rôles dont nous avons parlé plus haut. Il est très rare qu'un homme ou une femme n'ait «rien à faire». Elle doit plutôt toujours choisir entre aller à une réunion à l'école et compléter un dossier urgent rapporté du bureau; il doit décider de réparer la marche d'escalier qui a cédé ou de faire des préparatifs pour la sortie du dimanche suivant. Voilà qui est souvent cause de stress, en particulier dans les couples, où l'on n'a pas nécessairement les mêmes attentes l'un face à l'autre. D'autant plus que les choix que l'on doit faire révèlent malgré nous notre échelle de valeurs: quelle importance réelle est reconnue à ce qui est toujours remis à demain, à plus tard, à «quand j'aurai le temps»?

La relation au temps ne conditionne pas seulement la vie de tous les jours. Elle prend une dimension parfois tragique à partir du moment où l'on se rend compte, généralement de façon soudaine et imprévue, que l'on a probablement vécu la moitié de sa vie. Autour de soi, des plus jeunes exercent avec compétence des fonctions professionnelles ou un métier, et dans les avis de décès on retrouve de plus en plus de gens de son âge. Ce sentiment de se savoir probablement, puis certainement engagé sur l'autre versant de la vie bouleverse profondément la majorité des adultes. «C'est le temps ou jamais», le moment de la dernière chance pour réaliser ses rêves, ou la prise de conscience dramatique qu'un projet très cher ne pourra jamais voir le jour. C'est l'étape de la vie où l'on se surprend à parler du temps qu'il nous reste: «Je dois avoir encore une bonne vingtaine d'années devant moi...» On entre souvent dans cette étape avec une certaine panique. Mais elle s'achève très souvent dans la sérénité, comme un long apprivoisement avec la finitude et, finalement, avec la mort.

Adulte et foi

C'est avec tout ce qui les caractérise, leur autonomie, leur expérience, leurs rôles et leur relation au temps, que les adultes vivent l'expérience de la foi. C'est aussi avec tout ce qui est propre et unique à chacune et à chacun. C'est sur cette note que nous voudrions conclure ce premier chapitre. En rappelant qu'il sera normal et légitime que chaque adulte ait un itinéraire spirituel propre. Même à l'intérieur d'une même Église ou d'un même groupe spirituel, chacune et chacun vit à sa façon sa quête de sens et d'absolu.

Il convient de réclamer cette légitimité de la diversité qui semble aller de soi car, comme toute institution, l'institution religieuse a tendance à la craindre. Elle s'en accommode plutôt qu'elle ne la valorise et cède souvent à la tentation du nivellement. Dans l'Église comme dans les autres institutions, des modèles s'imposent, implicitement ou explicitement. On encourage un chrétien à discerner sa «vocation», sans le forcer dans une voie qui ne serait pas la sienne. Mais une fois que le choix est fait, la tendance naturelle est de privilégier un modèle unique. Il existe donc un modèle du couple chrétien. Il y a un modèle du bon prêtre. C'est ce profil particulier que l'institution valorise. Consciemment ou non, les personnes se mesurent à cet étalon. Ou sont mesurées par lui. Ceci entraîne une dévalorisation de l'originalité. Quand tout le monde doit partager les mêmes croyances, adopter les mêmes pratiques et chercher à s'approcher d'un modèle, l'originalité est suspecte. Dans toute institution, la liberté d'être différent est une liberté surveillée et cette méfiance institutionnelle constitue un obstacle important pour un nombre élevé d'adultes sur la route d'une appartenance religieuse. Combien d'adultes vivent leur unicité sous le mode de la déviance ou de la marginalité, simplement parce que l'institution à laquelle ils ou elles se rattachent privilégie un seul modèle?

Il existe pourtant, au sein de l'Église catholique, une longue tradition de discernement qui mérite d'être valorisée. Ce discernement s'est traditionnellement exercé au seuil de l'âge adulte, au moment où l'on cherche à se donner une identité personnelle et ecclésiale. À l'image des figures prophétiques de la Bible, on parle de vocation, d'appel ou de mission. Mais le discernement doit aussi s'exercer tout au long de l'existence: il s'agit pour chacun, pour chacune, de chercher sa vérité d'homme ou de femme et, en en explorant les voies, d'inscrire de façon originale, dans cette existence singulière dont on a parlé plus haut, la réponse personnelle à l'appel du Christ: «Viens, suis-moi.» La grande tradition spirituelle de l'Église sait que Dieu invite chacun et chacune à avancer avec joie et courage «par les chemins qu'il choisit».

Aussi convient-il d'affirmer la légitimité de la différence, sa richesse et sa fécondité tant qu'elle n'est pas prétexte à un repliement frileux ou crispé sur soi-même. Une condition essentielle au succès du cheminement spirituel et religieux, c'est l'acceptation et la valorisation de sa propre originalité, la reconnaissance que le visage concret de son existence est le seul lieu réel de la recherche spirituelle et de la croissance vers la maturité dans la foi. Les adultes qui apprécient leur unicité peuvent s'ouvrir avec respect et sympathie aux autres personnes et entrer en communion véritable avec elles. Et recevoir, en retour, une invitation à l'authenticité et à la vérité sur eux-mêmes.

CHAPITRE 2

Vous avez dit: Foi?

Spiritualité et foi

Beaucoup d'adultes hésitent à se dire croyants. Ils préfèrent dire qu'ils sont en quête de spiritualité. On pourrait définir la spiritualité comme une attention active et soutenue pour des réalités situées au-delà des intérêts personnels et des satisfactions immédiates, suffisamment intense pour présider à des décisions et à des engagements qui sortent la personne d'elle-même. La spiritualité est religieuse quand l'attention se porte vers un Être supérieur, personnel ou cosmique, et recherche, peut-être, une communion à cet Être. Mais il y a des spiritualités non religieuses fondées sur d'autres absolus: l'aspiration à parvenir à une harmonie parfaite avec l'ensemble de l'univers cosmique, le souci d'accéder à une parfaite intégrité de l'être, le lent processus intérieur de détachement et de désintéressement de tout désir et de tout être, la passion de la perfection dans le domaine de la création artistique, la soif de repousser toujours plus loin, par une vie consacrée à la recherche, les frontières de la connaissance ou les limites de la capacité humaine de guérir les malades en sont quelques manifestations.

Des chrétiens en grand nombre partagent cette recherche et ces grandes passions et se reconnaissent, eux aussi, spirituels. Mais ils sont également croyants, ce qui les insère dans un dynamisme relationnel. Les chrétiens cherchent à inscrire leur vie sous le signe de la relation au Christ et à Dieu. C'est de cette expérience relationnelle qui s'appelle la foi qu'il est question dans ce livre.

Sans doute est-il périlleux de parler de la foi des chrétiens de façon indistincte. Car quand on parle des chrétiens, on désigne aussi bien ceux qui appartiennent explicitement à une Église et prennent part à ses activités d'une façon assidue que ceux qui, sans rompre explicitement, ont pris leurs distances par rapport à l'Église, en claquant la porte ou en se retirant sur la pointe des pieds. Quand on parle des chrétiens, on désigne autant les adultes nouvellement baptisés que ceux qui ne se sentent plus sûrs de rien et diraient volontiers qu'ils sont en train de perdre la foi. Dire «les chrétiens», c'est inclure la moniale qui passe sa vie dans le silence et le militant qui combat le racisme.

Ce livre voudrait pourtant parler de leur foi à tous. C'est le vœu de l'auteur qu'ils s'y reconnaissent à la fois dans ce qui leur est propre et dans ce qui les relie aux autres, qu'ils découvrent aussi et apprécient des façons différentes d'être chrétien. Peut-être même ceux qui sont étrangers à la foi chrétienne y reconnaîtront-ils quelque chose de leur expérience spirituelle.

La foi qui ne change pas

Le langage populaire associe foi, certitude, assurance, conviction. «Il croit à cela dur comme fer»: il en est absolument sûr. «Il faut le voir pour le croire»: si on n'en avait pas la preuve, on ne pourrait pas l'accepter de façon certaine. «C'était un homme sans foi ni loi»: il n'avait pas de principes solides et stables. En un mot, la foi n'est pas du domaine de l'opinion passagère et s'accommode mal du peut-être.

La foi fournit aux personnes leurs convictions fondamentales relatives à l'existence, à son sens et aux angoissantes questions de la mort, de la souffrance, de la responsabilité, de l'inégalité des chances et des conditions. Ces convictions président, habituellement de façon consciente et explicite, aux grandes décisions qui déterminent le style de vie des personnes. La foi est ainsi un fondement, un roc solide sur lequel on peut édifier sa vie et son univers de sens.

Chaque personne a tendance à protéger ses convictions centrales de toute contestation ou remise en question. Elle tente de les tenir à l'abri des bouleversements et des remises en question qui sont le lot de toute existence. Pour le chrétien, cette exigence psychologique de stabilité est accrue du fait qu'il s'appuie sur Dieu qui ne trompe pas et ne change pas. La foi participe donc, d'une certaine façon, de l'absolu de Dieu. Si le fondement devait être soumis à la loi du changement, sur quelles bases sûres pourrait-on construire? Ne faut-il pas, pour que la foi reste la foi, qu'elle ne change pas?

La foi n'est pas qu'une expérience intérieure. Elle comporte de plus une dimension objective. La foi, c'est aussi ce qui est cru, ce à quoi on adhère. Elle est, d'une certaine façon, antérieure aux personnes et indépendante de leur vécu. Elle précède les croyants. Elle n'est pas réinventée à chaque génération ou par chaque individu. Il y a plutôt une sorte de donné préalable commun qui est le même au Rwanda et en Suisse, au Québec et à l'île Maurice. Ce donné est proposé par la communauté croyante qui l'a reçu de la génération précédente et a pour mission de le transmettre, inaltéré, à la suivante. À l'origine, n'y a-t-il pas une révélation venant de Dieu lui-même, une révélation à laquelle il ne faut rien ajouter et de laquelle il ne faut rien retrancher (Ap 21, 18-19)? Paul n'a-t-il pas raison d'écrire aux Galates: «Si nous-même, si un ange venu du ciel, vous annonçait un évangile différent de celui que vous avez reçu, qu'il soit anathème» (1, 8)? Le fait que le témoignage premier de cette révélation soit fixé dans un livre a ici valeur symbolique. Ce qui est écrit est écrit: on peut le lire autrement et l'interpréter, mais le texte est là, fixé pour toujours, résistant et définitif.

En un mot, la foi comporte une exigence de stabilité qui tient à sa fonction dans le psychisme humain et à son objet qui est et demeure, jusqu'à un certain point, extérieur aux croyants.

Et pourtant... elle change, aussi bien dans sa dimension objective que dans sa dimension subjective. La foi est une réalité dynamique, soumise au changement, tant sur le plan de sa compréhension et de son expression qu'en tant qu'expérience subjective.

Le changement: les mots et les pratiques

Sur le plan objectif, le changement dans la foi s'appelle, pour emprunter le langage technique des théologiens, le développement de la doctrine. Parlant de la tradition de la foi, Vatican II dit qu'elle «fait des progrès dans l'Église. En effet, la perception des choses aussi bien que des paroles transmises s'accroît... Ainsi l'Église, tandis que les siècles s'écoulent, tend constamment vers la plénitude de la divine vérité, jusqu'à ce que soient accomplies en elles les paroles de Dieu.»[1] Ce développement prend plusieurs formes.

Il y a d'abord l'explicitation de ce qui est déjà là, dans l'expérience initiale consignée dans la Bible, mais dont les significations apparaissent plus clairement à mesure que les chrétiens avancent dans l'expérience historique. Par exemple, la foi de l'Église en la Trinité ou en la divinité du Christ n'a

---

[1] Dei Verbum, n° 8.

connu sa formulation actuelle qu'aux 4e et 5e siècles, et ce n'est qu'au Moyen Âge que le nombre des sacrements a été fixé à sept.

Une deuxième forme de développement de la doctrine, c'est la mise en lumière de ce qui n'était là que de façon virtuelle, attendant la circonstance historique lui permettant d'apparaître clairement. Ainsi, c'est assez récemment que l'enseignement chrétien s'est clarifié et articulé à propos de l'antisémitisme, du racisme, de la liberté religieuse ou de l'égalité de la femme. Si récemment, en fait, qu'aucun des points de cette énumération n'emporte encore l'adhésion de tous, d'autant plus que le dossier historique des chrétiens relativement à chacun d'eux n'est pas qu'édifiant.

Troisièmement, tout changement de culture oblige à reformuler la foi. Cette forme de transformation de la foi est d'une importance capitale en cette fin de 20e siècle, car le langage et les pratiques de la foi servent à interpréter et à exprimer une expérience spirituelle et religieuse. Cette interprétation et cette expression empruntent nécessairement leurs outils conceptuels à la culture ambiante. La Bible en est un bon exemple. Un peuple, des communautés, des hommes et des femmes ont interprété des événements et des rencontres comme des signes de la parole et de la présence de Dieu. Ils ont modifié leur existence en cherchant à l'inscrire dans la logique de la proposition faite par Dieu à l'humanité. Cette interprétation a évidemment été formulée à l'aide des catégories culturelles de leur époque et de leur milieu qui sont, à nos yeux, celles de cultures préscientifiques et patriarcales.

Au cours des siècles, l'expérience croyante a toujours cherché à s'exprimer à l'aide de la culture des différents lieux et des différentes époques. Tout comme les textes bibliques, les formulations dogmatiques des conciles ou des papes utilisent le langage et les catégories d'une culture et d'une époque donnée. La fidélité oblige à un effort de traduction dès lors qu'on est dans une situation culturelle substantiellement différente.

À toutes les grandes étapes de l'histoire s'impose donc aux chrétiens une tâche herméneutique, c'est-à-dire une tâche de traduction. Ce que les Juifs et les premiers chrétiens ont vécu et exprimé à l'aide des catégories de leur époque, comment le vivre aujourd'hui et le dire avec nos propres catégories mentales, pour que la Bonne nouvelle puisse encore être entendue et proposée de façon crédible?

Bien sûr, lorsque la foi «change», certains résistent. Au cours de l'histoire, un nombre incalculable d'individus et de groupes se sont détachés de la grande Église au moment où il devenait nécessaire d'introduire des changements, des adaptations, des innovations même dans le domaine des pratiques ou du langage religieux. L'affaire Lefebvre, qui a bouleversé l'Église catholique en Europe durant les années 1980, est l'exemple récent le plus spectaculaire de ce phénomène de refus. L'Église, disaient l'évêque et ses partisans avec force, doit conserver inaltérable le dépôt de la foi et il ne lui appartient pas de le modifier en quoi que ce soit. C'est là une vérité partielle. Car «les répétiteurs ne sont fidèles qu'en apparence. Une vérité qui n'est pas réchauffée dans une conscience d'homme est une vérité trahie» (Jean Sulivan). Lorsque la culture change et que, pour cette raison, les mots de la foi ne sont plus perçus que comme paroles creuses ou inintelligibles, lorsque les rites ne sont plus reçus que comme vestiges d'une pensée magique, la fidélité des croyants à l'Esprit du Christ réside dans l'abandon courageux des trésors d'hier et dans l'avancée incertaine vers de nouvelles formulations et de nouvelles pratiques.

Nous ne nous attarderons pas davantage à cette dimension objective du changement de la foi. Il s'agit d'une question théologique dont l'approfondissement n'entre pas dans le propos de ce livre. Il convenait cependant de l'évoquer, puisqu'un changement sur le plan du langage ou de l'expression de la foi chrétienne oblige la plupart des croyants à se resituer personnellement dans leur acte de croire. Au cours de la deuxième moitié du 20e siècle, ce point a constitué et constitue toujours pour un très grand nombre d'adultes un obstacle dans leur cheminement religieux: soit parce qu'ils estiment que l'Église change là où elle ne le devrait pas, soit au contraire parce qu'ils ne peuvent plus accepter des formules, des enseignements ou des pratiques qui leur apparaissent désuètes, archaïques, vides de sens ou incompatibles avec des données fondamentales de la culture nouvelle.

Beaucoup d'adultes se trouvent, au cours de leur vie, aux prises avec cette tâche délicate de révision. Tôt ou tard, certaines formulations traditionnelles ne veulent plus rien dire pour eux et certaines pratiques deviennent insignifiantes ou carrément inappropriées. Et c'est souvent avec une grande insécurité qu'ils s'attaquent à la tâche de chercher de nouvelles expressions de leur foi. Voilà qui nous fait passer à l'autre volet du changement dans la foi, le volet subjectif.

Le changement: l'expérience de croire

L'expérience de croire. Voilà bien une réalité changeante. Tous les lecteurs de ce livre savent qu'on ne croit pas de la même façon à cinq, à quinze et à quarante ans. Ce fait peut être compris de façon restrictive ou de façon dynamique. L'interprétation restrictive explique le changement par la croissance biologique et le développement social de l'enfant et du jeune. Il serait alors tout à fait normal que la croissance vers l'âge adulte soit une période de changement dans le domaine de l'expérience spirituelle. Durant cette période en effet, on vit sous l'influence successive des parents, des éducateurs et des pairs. L'expérience de croire se vit d'abord sous le mode de la réception, puis d'une adhésion de plus en plus personnelle, enfin d'une décision qui se veut définitive. En arrivant à l'âge adulte, on parviendrait à une phase de stabilité dont l'exigence principale serait celle de la fidélité. Une fois qu'on a donné sa foi à Dieu, on ne pourrait, sans pécher, la mettre en doute. L'interrogation et le changement ne sauraient avoir de fonction positive dans l'expérience de foi. Il faudrait plutôt les combattre comme des tentations ou les supporter comme des épreuves.

Plusieurs adultes ont appris à voir ainsi l'expérience de croire. Ils se sentent donc très mal à l'aise quand ils expérimentent remises en question et incertitudes. Ils doivent lutter contre le sentiment d'être de mauvais croyants, contre une sorte de culpabilité de ne pas correspondre au modèle du chrétien dont la foi est assurée et traverse toutes les tempêtes de la vie.

Il existe heureusement une autre façon de comprendre le changement dans l'expérience de croire. C'est de regarder la foi comme une expérience qui n'a jamais fini de se déployer, d'évoluer, de changer. Exactement comme on ne cesse de devenir sur le plan humain. La vie de foi est, de façon tout à fait normale, faite d'ouverture et d'inquiétude, de surprise et de dépaysement, de ruptures et de déchirements. Elle est une aventure dont l'itinéraire est, dans une large mesure, imprévisible.

Cette façon de voir, qui semble neuve à certains, est pourtant traditionnelle. Rappelons-le: la foi est une expérience relationnelle, elle se situe à la rencontre de deux libertés. La tradition spirituelle de l'Église parle d'ouverture à l'Esprit de Dieu qui souffle où il veut. Elle parle d'obéissance à la volonté de Dieu. Il est vrai que, très souvent, on a présenté cette volonté comme invariable, s'appliquant indistinctement à tous les croyants. Mais le dynamisme fondamental de la foi, qui en est un d'ouverture, n'a jamais été complètement perdu de vue. Croire est une expérience dynamique, donc dérangeante, qui interdit d'enfermer le présent dans les décisions prises dans le passé et de bloquer l'avenir en absolutisant le vécu actuel.

Le chemin est-il balisé?

Présenter l'expérience de croire comme ouverte sur l'inédit, l'imprévisible et l'inconnu comporte un risque: celui de laisser croire que la route n'a pas de direction et qu'on y avance sans points de repère. Toutes les voies seraient également praticables, tous les choix seraient bons, la durée des haltes serait laissée au bon vouloir de chacun, il serait même légitime de faire du «sur place».

Ce risque est purement théorique. L'anarchisme fleurit rarement au sein des traditions spirituelles. Au contraire, les itinéraires balisés ne manquent pas. Pour nous en tenir à la tradition chrétienne, Jean Climaque a comparé le cheminement spirituel à une échelle à plusieurs degrés, et Augustin d'Hippone a décrit les sept étapes par lesquels la charité parvient à sa perfection. Thérèse d'Avila a parlé de sept demeures que traverse l'âme à la recherche de l'union avec Dieu alors que son contemporain Jean de la Croix présentait la croissance dans la foi comme l'ascension d'une montagne. Étapes. Degrés. Niveaux. Le croyant s'avance sur une route que d'autres ont parcourue et décrite avant lui, même si chacun fait le voyage à sa façon ou, pour être plus exact d'un point de vue théologique, à la façon de Dieu.

Nous allons décrire le caractère changeant de l'expérience de croire en empruntant deux approches qui jettent une lumière différente, mais complémentaire, sur la foi de l'adulte comme expérience personnelle. C'est d'abord à la théologie spirituelle classique que nous allons emprunter quelques balises qui jalonnent la route et permettent de se retrouver. Les chapitres suivants reprendront le même thème, mais en empruntant à la psychologie religieuse.

Devenir à l'image et à la ressemblance de Dieu

Parler de l'expérience de croire comme mouvement vers l'avant, c'est évoquer ce que la tradition chrétienne appelle la conversion. On ne devient pas chrétien sans entrer dans un processus de changement de tout l'être. Devenir disciple de Jésus Christ, c'est entrer dans une dynamique de docilité à l'action de son Esprit. Et cette action n'est rien de moins que la restauration dans l'être humain de l'image et de la ressemblance de Dieu.

C'est de façon résolument positive que la Bible se représente l'être humain. Pour les Juifs et les chrétiens, il n'est pas un être déchu, exilé, placé dans un état inférieur à sa nature véritable. Il n'est pas une parcelle du divin égarée sur la terre, il n'est pas une étincelle de lumière perdue dans un monde obscur. La révélation biblique présente plutôt l'être humain comme ce qu'il y a, dans tout l'univers créé, de plus ressemblant à Dieu.

Cependant, cette ressemblance est abîmée. L'image est défigurée. La Bible ne reflète pas un optimisme naïf sur l'être humain. Elle sait et elle reconnaît que le mal est incrusté dans sa vie. La doctrine du péché originel exprime cette expérience tragique et douloureuse de l'universalité du mal. Lorsque chaque être humain est projeté dans l'existence, il s'insère dans un monde marqué par la violence, la méfiance, l'exploitation, la rivalité, l'absence de solidarité. À mesure qu'il grandit, il se découvre être lui-même un être de contradictions et d'ambiguïtés et apprend à souffrir de ne pas faire le bien qu'il voudrait faire et de faire le mal qu'il voudrait éviter (Rm 7, 19).

Les onze premiers chapitres de la Bible montrent comment l'être que Dieu avait créé comme un autre lui-même s'égare et s'enfonce dans la division, la contradiction et l'isolement. L'humanité et chaque existence individuelle se vivent désormais sous le mode de l'éclatement. Pour la tradition biblique, l'être humain ne peut refaire par lui-même son unité et son harmonie. Aussi, depuis l'appel d'Abraham jusqu'à la vision lumineuse des cieux nouveaux et de la terre nouvelle dans l'Apocalypse, la Bible témoigne de l'intervention divine en faveur des humains. Dieu prend l'initiative d'indiquer à l'homme les chemins par lesquels il parviendra à sa véritable unité et à la plénitude de ce qu'il est.

Dieu lui propose pour cela la Loi et la Sagesse, deux voies de salut que le judaïsme a cultivées et qu'il a tardivement identifiées l'une à l'autre (Si 24). Dieu prend lui-même la condition humaine en Jésus Christ qui est son image parfaite (Col 1, 15) et, par l'Esprit qui faisait vivre ce dernier en «Fils bien-aimé qui a toute la faveur du Père»(Mc 1, 11), il inaugure la transformation de tous ceux qui acceptent de s'engager à sa suite. Voilà en quels termes Paul décrit l'expérience de restauration dans laquelle Dieu engage ceux qui suivent le Christ: «Le Seigneur, c'est l'Esprit. Et où est l'Esprit du Seigneur, là est la liberté. Nous tous qui... réfléchissons comme en un miroir la gloire du Seigneur, nous sommes transformés en cette même image, toujours plus glorieuse, comme il convient à l'action du Seigneur, qui est Esprit» (2 Co 3, 17-18).

L'existence chrétienne se présente donc comme un long processus de transformation. Voilà ce que nous cherchons à valoriser en parlant du caractère dynamique de l'expérience de croire. Le disciple peut dire à Dieu, comme dans la chanson d'amour de Ferrat: «J'ai tout appris de toi sur les choses humaines, j'ai appris à connaître le monde à ta façon.» Il s'agit de retrouver la ressemblance avec Dieu dans une nouvelle façon de voir et de vivre (Mc 8, 33). Aller au bout de ce dynamisme qu'est la foi va supposer un long processus de conversion, de retournement, de transformation du regard et de réunification de l'être.

Là-dessus, les textes du Nouveau Testament sont explicites. Ce qui guide les chrétiens, ce n'est pas une voie ascétique de détachement des diverses sources du désir, ce n'est pas non plus la recherche patiente d'un équilibre vertueux. C'est plutôt de se laisser transformer à la lumière de ce que Dieu a fait connaître de lui. «Vous donc, vous serez parfaits comme votre Père céleste est parfait» (Mt 5, 48). «Montrez-vous miséricordieux comme votre Père est miséricordieux» (Lc 6, 36). L'Évangile parle encore de naître de nouveau (Jn 3, 35) et de devenir semblable aux petits enfants (Mt 18, 3) sans quoi il n'est pas possible d'entrer dans le Royaume de Dieu. Quel que soit le détail des interprétations données à chaque texte en particulier, on sent bien qu'il s'agit pour le croyant, «même s'il est vieux» (Jn 3, 4), de se remettre à marcher, de ne pas se croire achevé, de recommencer à apprendre et donc à changer. Plus précisément, à consentir à se laisser changer.

Purification, illumination, union

Empruntant au néo-platonisme, la tradition spirituelle a parlé, pendant plus de quinze siècles, de trois voies empruntées de façon successive par l'être humain quand il s'engage sur le chemin de la restauration de l'image de Dieu en lui: la voie de la purification, la voie de l'illumination et la voie de l'union avec Dieu. Il convient de mentionner rapidement cette tradition qui montre combien on était jadis familier avec le caractère dynamique de l'expérience de croire.

Ce schéma est apparu dès le 3e siècle, à une époque où les chrétiens formaient une minorité dans des sociétés dont les modes de vie étaient loin de s'inspirer de l'Évangile. Aussi n'est-il pas étonnant que l'on ait qualifié le premier temps de l'existence croyante comme un temps de rupture avec une religion et ses cultes et avec des mœurs incompatibles avec l'appel évangélique. De façon plus générale, on dirait que les débuts de l'expérience de croire impliquent une purification de l'esprit et de l'âme, un effort de rupture avec une façon de penser et de vivre centrée sur soi, avec des complicités, explicites ou implicites, conscientes ou inconscientes, avec le mal. C'est un temps de combat, de déchirement, d'ascèse, une période où l'on se dessaisit de la prétention d'être le seul maître de sa vie et où l'on consent à devenir disciple, c'est-à-dire à être guidé par un autre. On apprend à laisser Dieu décaper en soi ce qui défigure son image et sa ressemblance.

Le deuxième temps est un temps d'apprivoisement. C'est le temps du développement d'une nouvelle cohérence de vie à partir de ce que Dieu révèle de lui-même, en particulier dans l'existence historique de Jésus de Nazareth. C'est un temps d'intégration de son Esprit, de développement d'une nouvelle conscience de soi. Une étape où l'on cherche à maintenir sa vie dans le sillage de celle de Dieu. Une phase d'intériorisation où l'on entre en soi et découvre à l'intérieur les sources profondes de la vie. C'est une étape de consolidation, d'identification croissante avec Dieu qui apparaît de moins en moins étranger, de moins en moins extérieur à soi aussi. La volonté humaine découvre qu'elle s'identifie de plus en plus spontanément avec celle de Dieu.

Le troisième temps, le temps de l'union, est parfois qualifié de «mystique». Le mot fait peur, parfois, évoquant des phénomènes extraordinaires ou une vie radicalement à part de l'existence habituelle. Mais dans le contexte précis du cheminement de foi, le mot «mystique» désigne simplement une conscience habituelle, quoique obscure, de la présence et de l'action de Dieu en soi, un contact quasi permanent avec les profondeurs de son être, une union non fusionnelle que les mystiques ont tous comparée à celle vers laquelle tend l'amour le plus intense et le plus pur. Sans doute peu de personnes témoignent-elles de cette expérience et c'est pourquoi elle apparaît exceptionnelle. Tous y sont pourtant appelés et c'est dans cette direction que chacun s'engage en empruntant les chemins de la foi.

Signalons au passage que ce processus n'est pas sans analogie avec ce que l'Évangile nous rapporte de Jésus. La scène de la tentation au désert marque pour Jésus la rupture avec certaines conceptions messianiques dominantes à son époque, le refus de certaines façons d'implanter le Règne de Dieu. Durant sa vie itinérante, Jésus explore, découvre, donne un visage concret à une vie humaine vécue suivant la volonté de Dieu. Ayant refusé les modèles établis, il improvise pour ainsi dire sa vie, attentif aux signes des temps, souple pour composer avec l'imprévu. Enfin, la résurrection est le moment de l'exaltation à la droite de Dieu, celui où Dieu le comble de l'Esprit de vie (Ac 2, 33).

Les trois temps avec des mots d'aujourd'hui

Il est remarquable d'observer à quel point cette présentation séculaire du processus de croissance dans la foi, qui indique les temps de la conversion chrétienne depuis son début jusqu'à son accomplissement, ressemble à la description maintenant classique du processus de changement élaborée à notre époque par Kurt Lewin (1890-1947). Ce spécialiste des sciences sociales a mis en lumière que tout processus de changement comporte essentiellement trois temps. D'abord un temps qu'il appelle le dégel. Durant cette période, les structures, les valeurs et les normes sur lesquelles s'édifiaient jusque-là les idées et les comportements collectifs ou personnels commencent à s'assouplir, à perdre de leur solidité, de leur stabilité. On les conteste ou, tout simplement, elles commencent à apparaître moins adéquates ou inappropriées.

Dans le langage chrétien, c'est le début de la conversion. Ce début de conversion peut être amorcé par une provocation, et c'est ce que visent avec insistance certaines sectes et Églises: il faut se reconnaître pécheur, disent-elles, c'est-à-dire reconnaître que son style de vie et même son être profond ne sont pas en accord avec le désir de Dieu pour l'être humain;

on peut alors se disposer à recevoir Jésus comme son Sauveur personnel. Le début de la conversion peut aussi venir d'un simple contact avec des individus ou des groupes chrétiens, avec leurs écrits ou leurs actions. Ce contact donne à entrevoir une façon de vivre alternative, révélation qui fait apparaître comme insatisfaisante la façon dont on a jusqu'alors vécu. L'existence chrétienne se met alors à exercer une sorte d'attrait, de mystérieuse fascination. C'est ce qui arrive à la Pentecôte lorsque, ayant entendu la prédication de Pierre, les auditeurs demandent: «Que devons-nous faire?» (Ac 2, 37).

Ce premier temps du processus de changement n'est pas sans analogie avec la phase de purification dont nous avons parlé plus haut. Cette phase est en effet une phase de relativisation, voire d'abandon de façons de structurer sa vie, pour s'orienter vers une autre façon d'être au monde: celle qui accepte avec confiance de s'engager sur les voies que Dieu propose à l'être humain pour échapper à ses contradictions et s'acheminer vers sa vérité.

Le deuxième temps du processus de changement selon Lewin, c'est la découverte de la nouveauté. On s'y expose, on l'explore, on essaie de la comprendre. On fait des essais pour l'intégrer à sa vie, on apprend de ses erreurs, on évalue les avantages et les désavantages de la nouvelle façon de faire ou d'être. Ce temps correspond, en partie, à l'ancienne tradition du catéchuménat dans l'Église. C'est une période d'instruction, d'initiation, où les modèles que sont la communauté et les croyants qui la composent jouent un rôle déterminant pour illustrer en quoi consiste la vie nouvelle et pour soutenir la motivation à aller plus avant.

Enfin, pour Lewin, le troisième et dernier temps du processus de changement est celui d'une nouvelle solidité. La nouveauté est intégrée et une nouvelle physionomie stable et relativement durable est atteinte. Nous avons vu comment la phase unitive achève, pour autant que ce soit possible en cette vie, le processus de restauration de l'être humain à l'image et à la ressemblance de Dieu. Tout en restant des êtres limités, les saintes et les saints qui touchent au terme du cheminement sont caractérisés par une nouvelle unité de l'être qui inspire le respect.

Nous pouvons résumer. Plusieurs traditions religieuses de l'humanité, et singulièrement la tradition chrétienne, ont conçu l'expérience spirituelle comme une expérience de croissance par étapes. Croire n'a donc rien d'une réalité statique. On n'est jamais croyant une fois pour toutes. L'adhésion aux vérités de la foi n'est qu'un point de départ. La suite consiste à ordonner sa vie dans une nouvelle cohérence. À refaire l'unité autour d'un nouveau pôle de référence. Et cette transformation se fait par étapes.

Très souvent, l'évocation de cette tradition spirituelle constitue pour des chrétiens une véritable révélation. Jamais cela ne leur a encore été proposé par leurs pasteurs. À chaque fois que cette connaissance a été réservée aux moines et aux religieux, ce fut au prix d'un grand appauvrissement de la pensée religieuse et de la vitalité de l'Église. On sait comment, au 17e siècle, François de Sales avait créé tout un émoi en révélant aux laïcs les voies de la croissance spirituelle. Il semble que l'effort soit toujours à reprendre.

La responsabilité du croyant face à sa vie

Les descriptions que nous venons de faire et celles qui suivront soulèvent une question théologique très complexe qu'il convient de mentionner au passage. Qui donc dirige ce mouvement de croissance? On a dit qu'il était l'œuvre de l'Esprit Saint. Mais on a dit aussi que c'est le croyant qui vit des choix, des décisions, des combats. La question est aussi ancienne que le christianisme et elle n'a pas trouvé, à ce jour, de réponse rationnellement satisfaisante.

D'une part, la foi chrétienne tient que toute initiative en ce domaine revient à Dieu. C'est Dieu qui se révèle, qui invite, appelle, purifie, transforme, donne sa vie en partage. C'est Dieu qui sanctifie. D'autre part, l'être humain demeure entièrement libre dans ce processus, et donc pleinement responsable de ses choix et de ses refus. Il peut vraiment connaître et aimer Dieu. C'est vraiment lui qui cherche, hésite, lutte, s'abandonne.

Certains attribuent tout, sauf le mal, à l'intervention immédiate de Dieu dans le déroulement de l'existence humaine et le cheminement dans la foi. Cela ne concourt qu'à discréditer l'expérience croyante, qui mérite alors d'être dénoncée comme facteur d'aliénation et de déresponsabilisation. D'autres insistent sur l'autonomie du croyant au point de mettre en question la grâce de Dieu comme source de la vie et de la liberté elle-même. Cela réduit le cheminement dans la foi à un humanisme que l'on conquiert par ses propres forces en recourant à Dieu ou à Jésus comme à une lointaine inspiration.

Il sera sain et, espérons-le, suffisant, d'affirmer que Dieu agit habituellement par des médiations. Il est à l'œuvre quand s'exercent les dynamismes qu'il a inscrits dans la nature humaine et que chaque être humain porte en lui comme une promesse. Il est là et il parle, réconforte, interpelle, surprend, envoie, libère par ceux et celles avec qui nous sommes en relation et qui nous influencent. La foi consiste, pour une part, en la capacité de reconnaître cette présence mystérieuse dans les événements et dans les autres, et en celle de reconnaître son action quand, rétrospectivement, on regarde sa vie.

Ne pas idéaliser le cheminement

Avant d'aller plus loin, il est nécessaire de mettre en garde contre tout idéalisme naïf. Pour les besoins de notre étude, nous mettons en lumière des cheminements qui vont vers l'avant et qui conduisent vers la maturité dans la foi. Il ne faut cependant pas oublier que rien dans ces cheminements n'est automatique. Personne n'est à l'abri de la stagnation ou de la régression. La tradition spirituelle connaît bien ces maladies de l'âme qui retardent ou même compromettent la croissance spirituelle: tiédeur, routine, attachement à l'impact sensible qui est parfois éprouvé dans la prière, hésitation ou refus de quitter une étape pour aller plus loin, acceptation volontaire d'une contradiction majeure entre sa foi et son style de vie...

L'histoire de tous les croyants est une histoire de grâce et de péché, de docilité et de résistance, d'élans et de chutes. La sainteté chrétienne ne consiste pas en la perfection morale et il y eut certes de grands saints qui avaient de grands défauts et étaient probablement assez insupportables à leur entourage, tout comme il peut exister des modèles de vertu qui ne vont pas à la cheville d'un de ces petits au cœur pur qui voit Dieu. La sainteté chrétienne prend forme dans une relation que l'on maintient vivante aussi bien aux jours heureux qu'aux jours de souffrance, dans les moments de fidélité comme dans les moments de lâcheté.

SECTION 2

Une foi d’adulte

CHAPITRE 3

Plus d'une façon de croire

Au chapitre précédent, la foi a été distinguée de la spiritualité et a désigné l'expérience relationnelle suivant laquelle les chrétiens accueillent une révélation venant de Dieu et proposant une voie pour la réalisation de l'être. Ce qui sera dit dans ce chapitre-ci convient tout à fait à la foi des chrétiens, mais englobe aussi cette réalité beaucoup plus large que nous avons appelé spiritualité. James Fowler, dont nous allons présenter le modèle de développement de la foi, a repris au théologien Paul Tillich l'idée que la foi est l'option profonde qu'une personne prend devant les questions ultimes de l'existence, c'est-à-dire relativement au sens de la vie et à l'Absolu. Il s'agit donc d'une expérience plus fondamentale et plus large que la simple adhésion aux croyances et à la vie d'une communauté religieuse particulière. Cette foi est habituellement religieuse, mais pas nécessairement. On peut même avancer qu'à mesure que la culture occidentale se sécularise, de plus en plus d'hommes et de femmes établissent la solidité et la cohérence de leur vie à partir d'options profondes qui n'ont rien d'explicitement religieux au sens habituel du terme, c'est-à-dire qui ne se réfèrent pas à un Être transcendant.

À l'école de James Fowler

James Fowler est un chercheur américain qui travaille et enseigne à Atlanta. Pasteur méthodiste, il a été formé à l'école des psychologues qui ont décrit la croissance humaine sous le mode d'une succession d'étapes de développement tels Jean Piaget et Erik Erikson. Il a travaillé avec Lawrence Kohlberg qui a établi une séquence de développement du jugement moral[1].

Les balises traditionnelles du cheminement dans la foi avaient été établies à partir de la logique interne de la conversion chrétienne. Fowler, lui, les établit en suivant les méthodes contemporaines d'investigation en sciences sociales. Ayant interviewé longuement plusieurs centaines d'Américains âgés de 4 à 84 ans, appartenant à toutes les principales confessions religieuses et même ne se réclamant d'aucune appartenance confessionnelle, Fowler a observé dans leurs récits des constantes si marquées qu'il a pu formuler les conclusions suivantes: la foi comme option fondamentale face à l'existence est une réalité qui change ou se développe. Ce développement de la foi peut être décrit comme une succession d'étapes ou stades. Ces stades sont au nombre de six et ils se succèdent suivant une séquence invariable: tout le monde ne les franchit pas tous, loin de là, mais ils sont toujours franchis dans le même ordre. On observe enfin que le passage d'un stade à l'autre a un certain lien avec l'âge chronologique[2].

Les stades du développement de la foi décrits par Fowler représentent des façons successives pour la personne de

---

[1] Voir A. Guindon, *Le développement moral*, Ottawa/Paris, Novalis/Desclée (coll. L'Horizon du croyant), p. 198.

[2] La référence de base reste *Stages of Faith: The Psychology of Human Development and the Quest for Meaning* (Stades de la foi: la psychologie du développement humain et la recherche du sens), San Francisco, Harper & Row, 1981.

structurer son univers de sens. Ces changements ne se produisent pas nécessairement. S'ils surviennent, cependant, ils auront nécessairement, selon Fowler, les caractéristiques qu'il décrit.

Cette succession des stades n'implique aucune appréciation qualitative de la personne et de sa foi. Une personne qui est au stade 4 n'est ni supérieure, ni plus sainte, ni plus mûre dans la foi qu'une personne qui est au stade 3. Mais elle vit différemment l'expérience de croire. Son architecture intérieure est autre et on peut en identifier clairement les caractéristiques. Tout au plus reconnaîtra-t-on que la succession d'étapes décrite par Fowler est un processus dans lequel il est de plus en plus fait droit à la complexité des choses. Au fur et à mesure qu'ils sont réaménagés, ces structures et cadres de référence révèlent un élargissement des perspectives et une capacité croissante d'intégrer personnellement des réalités qui, dans les premiers stades, restent extérieures à la personne.

Stades 1 et 2: les commencements

Nous passerons rapidement, sans même les distinguer, sur les deux premiers stades qui ne concernent pas les adultes. Les stades 1 et 2 sont ceux de la petite enfance. À cet âge, toutes les croyances et toutes les valeurs sont vécues sous influence, celles du milieu familial et de l'environnement social en général. La «foi» n'est pas vécue de façon personnelle. Même quand il dit «je», le jeune enfant ne fait qu'assumer sans réflexion les convictions qui lui sont proposées surtout par le vécu et aussi par la parole des personnes signifiantes pour lui, habituellement les parents et grands-parents. C'est à travers elles qu'il élabore son monde intérieur et établit ce qui est important et ce qui ne l'est pas, ce qui est vrai et ce qui est faux, ce qui est bon et ce qui est mauvais. L'imaginaire joue alors un rôle majeur dans la représentation que l'enfant se fait de la vie et c'est de façon littérale qu'il interprète ce qu'il entend.

Élevé dans un milieu croyant, le jeune enfant partage spontanément, à sa mesure, bien sûr, les façons de faire ou de voir du milieu. Il le fait aussi bien sûr suivant les capacités de son développement intellectuel. C'est ainsi qu'il entend les récits bibliques et se les représente sans pouvoir faire la part de la réalité factuelle et de l'évocation symbolique. «Jésus est la lumière» ou «Il est mort et il est vivant» sont, par exemple, deux affirmations reçues sans discussion, mais fort énigmatiques pour le jeune enfant qui ne peut se représenter de lumière que matérielle et de vie que biologique.

Stade 3 ou stade de l'appartenance communautaire

On nous permettra de commencer cette section en reproduisant une lettre qui illustre bien la façon de vivre l'expérience de croire au troisième stade de développement de la foi selon Fowler.

* * *

Monsieur,

Permettez-moi de réagir à un texte que vous avez publié récemment dans le bulletin du diocèse. Vous y indiquez votre accord avec une question formulée dans un rapport de la Fédération nationale des conseils presbytéraux, et je cite: «Quel est le but de l'éducation des adultes dans l'Église? Est-ce de dire aux gens quoi penser? D'affirmer une conception de l'Église qui contrôle tout de façon autoritaire? De favoriser le développement de croyants adultes (mature believers)?» Et vous ajoutez: «Au fond, fait-on de l'endoctrinement ou de l'éducation? L'éducation des adultes n'a-t-elle pas pour fonction de favoriser et de soutenir le développement d'une pensée personnelle, critique et éclairée?»

Je suis un croyant sans compétence particulière dans le domaine. Si je m'adresse quand même à vous, qui êtes un spécialiste respecté, c'est parce que je crois que des affirmations comme celles-ci sont de nature à entretenir dans l'Église beaucoup de confusion et d'ambiguïté.

Ainsi, le but de l'éducation des adultes dans l'Église ne devrait-il pas être d'aider ceux-ci à bien comprendre l'enseignement de l'Église? Ne devrait-il pas être de cultiver des attitudes de docilité et d'amour de la vérité plutôt que d'esprit «critique» ou de pensée «personnelle»? Dans notre monde actuel où il y a tant d'incertitude et où tant de valeurs sont bafouées, pourquoi les gens pourraient-ils se fier davantage à leurs propres lumières qu'à l'enseignement et à la sagesse de ceux qui ont reçu mission de transmettre la vérité et l'assistance divine pour ne pas nous tromper?

Vous savez comme moi que lorsque le Christ a quitté cette terre, il a donné pour mission à ses apôtres et à leurs successeurs de transmettre ce qu'il avait lui-même enseigné. Il leur a donné, à la Pentecôte, le Saint-Esprit pour les assister dans cette responsabilité. Encore aujourd'hui, le pape et les évêques qui sont en communion avec lui bénéficient de cette même assistance. Au cours des siècles, l'Église a précisé l'enseignement de Jésus et des apôtres dans des formules qui s'imposent à la foi et elle doit toujours les proposer. Ce n'est pas à chaque croyant individuellement que l'Esprit de vérité a été donné, mais à toute l'Église et particulièrement à ses chefs.

Je vous remercie, monsieur, de l'attention que vous porterez à ma lettre, mais je ne pouvais pas ne pas réagir à une affirmation qui me semble dangereuse pour l'unité et le bien de l'Église et des croyants en cette période troublée.

* * *

Selon les constantes relevées par Fowler, c'est à compter de l'âge de douze ans environ qu'apparaît la possibilité d'accéder au stade 3 du développement de la foi. Fowler l'appelle «synthético-conventionnel» pour mettre en évidence le caractère global et non critique de l'adhésion aux traditions philosophiques et religieuses du milieu. Nous l'appellerons «stade de l'appartenance communautaire». L'expression est moins rébarbative et convient bien pour décrire des adultes qui vivent leur foi sous ce mode.

Le mot appartenance a ici une grande importance. À cette étape, c'est de leurs appartenances que les croyants tirent à la fois ce en quoi ils croient et leur façon de le vivre. En cela, ils continuent de ressembler à l'enfant qu'ils ont été, avec cependant une différence de taille: ils peuvent dire de façon explicite et personnelle: «je» crois.

Dans la culture actuelle, l'adolescence est la période de la vie où apparaît le «je». C'est l'âge où l'on se découvre différent de ses parents et de son milieu, où l'on apprend à choisir, où monte l'appel intérieur à la liberté. L'adolescence est portée par une lame de fond et soulevée par une vague irrésistible qui pousse vers l'autonomie. Cet élan est extrêmement insécurisant. Aussi, bien paradoxalement, les choix de l'adolescence sont-ils faits souvent en fonction des choix des pairs: il est moins difficile de dire «je» avec d'autres que seul. C'est d'abord en adoptant des idées reçues dans le groupe de pairs et des comportements jugés acceptables par eux que l'adolescent se différencie de l'univers des adultes et, d'abord, de ses parents.

C'est quand on choisit de faire siennes les façons de voir l'existence et les façons de vivre qui sont celles de son groupe d'appartenance qu'on entre dans le stade 3 de Fowler. On accepte, par une décision réfléchie, les pratiques, les croyances et les doctrines telles qu'elles sont définies par le groupe, par sa tradition et par les autorités compétentes. On le sent bien dans la lettre reproduite plus haut. Ce stade du développement de la foi se caractérise par une grande loyauté aux valeurs du groupe, et par une obéissance confiante à ceux ou celles qui y exercent une autorité, morale ou juridique.

D'autres traits sont également typiques de ce stade. On se représente assez spontanément que les valeurs, les pratiques, les formulations qui composent son univers de croyances sont les meilleures. On a toutes les raisons d'en être sûr; les personnes qui les ont définies pour nous sont dignes de foi et la tradition qu'elles perpétuent est vénérable. C'est aussi de façon globale qu'on y adhère. Fowler parle d'une foi vécue sous le mode de la synthèse plutôt que de l'analyse: l'univers du croyant à ce stade forme un tout.

L'adulte qui vit sa foi sous le mode de l'appartenance et de la loyauté est capable de sympathie profonde et de communion véritable avec les personnes qui partagent les mêmes idéaux que lui. Les croyants qui vivent la foi sous le mode de l'appartenance sont des personnes de grande fidélité à la communauté, au groupe, au mouvement auquel elles se rattachent. Mais par rapport aux autres groupes et aux autres personnes qui sont insensibles aux valeurs et aux croyances centrales du groupe, voire même qui leur sont opposées, elles restent distantes. À la limite, on dirait que les autres sont vus comme des personnes à convertir, des personnes qui devraient partager les mêmes convictions que soi.

On devine que tout changement important affectant les traditions ou les leaders de la communauté ont des répercussions importantes sur les adultes qui vivent la foi sous ce mode. Le renouveau liturgique chez les catholiques ou l'ordination des femmes chez les anglicans ont profondément bouleversé bon nombre de fidèles. Dans plusieurs cas, ce bouleversement a provoqué une réflexion personnelle et critique et en a engagé plus d'un dans la transition vers l'étape suivante.

Stade 4 ou stade de la référence à soi

Ce stade est bien différent du précédent. On s'en rendra tout de suite compte par le dialogue suivant:

* * *

Ce soir-là, c'était au tour des Tanguay de recevoir les Dumoulin. L'atmosphère était dégagée et la conversation allait bon train. Après avoir servi le dessert à leurs hôtes, Madeleine et Claude Tanguay s'assirent, et Claude dit:

«Il faut que Madeleine vous raconte ce qui est lui est arrivé cette semaine. Nous n'en sommes pas encore revenus.

— Tenez-vous bien, commença Madeleine: je suis allée à l'église.

— Qui est-ce qui est mort? demanda, un peu inquiet, Gilbert Dumoulin?

— Je ne suis pas allée à des funérailles, même si ce que j'ai vécu est bien aussi triste... Non, je suis allée à une réunion pour la première communion de Stéphanie.

— Ah oui, c'est vrai, c'est pour ce printemps...

— En principe oui, elle est rendue à l'âge... Alors nous avions reçu une lettre de convocation des parents. Claude devait rentrer en retard du bureau — et je pense que ça faisait bien son affaire! —, alors après avoir soupé avec Stéphanie, c'est moi qui suis allée à l'église pour la réunion. Eh bien, je ne sais pas si vous le savez, mais c'est devenu pas mal compliqué...

— Qu'est-ce qui est compliqué? S'il y a une chose traditionnelle, c'est bien la première communion...

— Ça paraît que tu n'as pas d'enfant qui est passé par là dernièrement... Imaginez que pour que Stéphanie puisse faire

sa première communion, il faudrait que Claude et moi nous allions à deux réunions de «catéchèse», comme ils nous ont dit, et «idéalement» (Madeleine avait dit cela sur un ton pointu où l'on devinait celui de l'animatrice de la soirée) que nous «accompagnions Stéphanie dans sa démarche avant, pendant et après».

— Ça, ça veut dire, poursuivit Claude, que nous devrions «idéalement» recommencer d'aller à la messe, croire que le petit Jésus est dans l'hostie (sourire des invités), mais aussi faire la prière avec elle à la maison...

— Ça fait un bout de temps qu'on a fait du ménage là-dedans, ajouta Madeleine. Et nous ne sommes pas seuls. Vous auriez dû sentir l'atmosphère de la salle à mesure que la soirée avançait... tu voyais que la plupart des gens s'enfonçaient dans leur chaise à mesure que les animatrices nous parlaient de «la dimension communautaire des sacrements»...

— T'es pas sérieux? dit Gilbert. Ils veulent vraiment vous rembarquer? La première communion de Stéphanie, c'est son affaire à elle. Après, elle fera ce qu'elle voudra. Pourquoi est-ce qu'ils veulent que ce soit votre affaire? Après tout, vous êtes des adultes! En tout cas, si c'était moi, je ne sais pas ce que je ferais à cause de l'enfant, mais je sais que je ne me ferai jamais plus dire quoi faire et quoi penser...

— Tu veux dire quoi ne pas faire et quoi ne pas penser? ajouta avec un sourire entendu sa femme Pascale qui était jusque là demeurée silencieuse. Moi, je vous avoue que ça ne me surprend pas et ça ne me dérange pas. Je pense que chaque personne a droit à ses convictions et doit être libre de croire ce qui a du sens pour elle. La foi, c'est une affaire bien personnelle qui ne regarde personne d'autre que soi. Vous ne trouvez pas?

* * *

Un très grand nombre d'adultes vivent toute leur vie de foi sous le mode de l'appartenance. Pour plusieurs cependant vient un moment où, sous la pression intérieure d'un appel à une plus grande autonomie, ou sous l'influence d'événements qui bousculent la vie, on passe au stade suivant. Selon les observations de Fowler, cela ne se produit à peu près jamais avant l'âge de dix-huit ans.

Fowler appelle ce stade celui de la foi «individuelle-réflexive». Il indique par là que c'est maintenant l'individu qui est la référence première de son acte de foi et qu'il n'accorde pas son adhésion sans la faire précéder et sans l'accompagner d'une réflexion personnelle. Voilà pourquoi on peut l'appeler «stade de la référence à soi». Si le stade 3 était le stade du «nous», le stade 4 est celui du «je».

Le dialogue qui précède, tout comme la lettre qui introduisait la présentation du stade 3, montrent fort bien comment le passage du stade 3 au stade 4 se caractérise par un transfert du centre de référence de l'extérieur à l'intérieur de soi. C'est désormais à sa voix intérieure et à ses exigences profondes que l'on obéit. On vit donc presque toujours ce passage au prix d'un certain déchirement, puisque l'appartenance était le mot clé du stade précédent.

Croire sous le mode de la référence à soi implique essentiellement une réévaluation souvent globale, parfois systématique, de son univers de croyances et de ses appartenances. Les croyances ne se présentent plus d'emblée comme pleines de sens. Elles deviennent plutôt des matériaux à partir desquels chacun, chacune élabore du sens. La période du stade 4 est alors une période «sélective» dans l'univers des croyances et des styles de vie. Ce qui y préside, c'est le besoin de faire la vérité et d'être cohérent. Voilà pourquoi ce qui ne convient pas est mis de côté, ou au moins en veilleuse, provisoirement ou pour toujours. Et comme c'est la pensée critique et rationnelle qui domine (accompagnée, sans doute, par des émotions profondes), il y a souvent plus de concepts que de symboles dans l'univers religieux des croyants selon ce mode. Un auteur a pu parler de ce stade comme du stade des symboles brisés[3].

Il arrive que l'on poursuive son cheminement dans une sorte de continuité. On continue de se dire chrétien, en remettant en cause ou non son appartenance à la communauté ecclésiale[4]. Mais on ne se réfère plus à la foi et à l'Église de façon aussi inconditionnelle qu'avant. Certaines exigences de la foi chrétienne, comme celle d'être une réponse libre et personnelle, apparaissent très importantes, mais d'autres de ces exigences, comme celle d'un abandon confiant à Dieu, deviennent plus difficiles.

Mais à côté d'adultes qui cheminent dans la continuité, il n'est pas rare que d'autres adultes établissent leur nouvelle cohérence intérieure sur des bases entièrement différentes et il convient de s'arrêter un peu à leur expérience.

Aux yeux de certains qui franchissent le seuil du stade 4, la foi religieuse, c'est l'affaire de l'enfance et de la jeunesse, tout comme certaines autres appartenances autour desquelles se définissait jusqu'alors le sens de la vie. La foi constitue à leurs yeux une phase nécessaire, où l'on cultive le sens de la fête, de l'admiration, où l'on s'ouvre à certains grands idéaux comme l'amour du prochain, l'ouverture aux autres, la solidarité, ou la transformation du monde dans le sens d'une plus grande liberté ou d'une plus grande justice. Mais c'est une phase qu'il faut savoir laisser derrière soi parce que les objets de la foi sont invérifiables et qu'il apparaît inacceptable d'adhérer uniquement en s'en remettant à d'autres.

---

[3] J. Hull, *What Prevents Christian Adults from Learning* (Qu'est-ce qui empêche les adultes chrétiens d'apprendre?), London, SCM Press, 1985, p. 190.

[4] Un livre récent montre très bien, à mon avis, comment chemine la pensée critique et comment elle cherche à établir un sens nouveau acceptable à la raison personnelle. Il s'agit de O. Rabut, *L'après-croyance*, Paris, Cerf, 1990.

Cet abandon global est souvent vécu de façon sereine. Comme le homard qui mue, on laisse derrière soi une façon d'être dans laquelle on se trouve désormais à l'étroit. On tourne une page et on écrit un nouveau chapitre de sa vie. C'est par fidélité à des exigences intérieures qu'on quitte, parfois avec nostalgie, un univers de sens. Mais rester fidèle «par principe» n'est plus acceptable[5].

D'autres adultes vivent cette rupture sur fond d'agressivité et de ressentiment. En projetant sur leur passé la soif d'autonomie qui marque maintenant leur présent, ils sentent tout le poids de l'autorité extérieure et interprètent ce qu'ils ont jusqu'alors vécu comme une aliénation. Il se peut bien qu'en effet, les parents et le milieu environnant, y compris le milieu religieux, aient exercé une domination et un contrôle subis alors de façon inconsciente et qui apparaissent maintenant avec évidence. Mais cette agressivité peut aussi refléter la crainte de revenir à cet état antérieur. D'où l'allergie à l'autorité et au passé éprouvée par plusieurs adultes quand ils ont franchi cette étape. C'est un peu le climat qui caractérise la conversation reproduite au début de cette section.

Que le passage du stade 3 au stade 4 soit marqué par la continuité critique ou par la rupture, tous les croyants du stade 4 éprouvent une ouverture nouvelle à l'endroit de ceux et celles qui pensent et vivent différemment, selon d'autres options. Parce qu'ils expérimentent intensément le caractère personnel de la «foi», ils reconnaissent sans problème la légitimité du pluralisme dans les options radicales et ils l'acceptent sans se sentir menacés. Par ailleurs, la foi des adultes qui sont à cette étape a souvent une dimension syncrétiste.

---

[5] «La fidélité au principe est une idolâtrie; ce peut être pour moi une obligation sacrée de renier un principe d'où la vie s'est retirée et auquel je sens bien que je n'adhère plus; en continuant d'y conformer ma conduite, c'est au fond moi-même que je trahis.» G. Marcel, *Position et approches concrètes du mystère ontologique*, Louvain, Nauwelaerts, 1967, p. 78.

Elle intègre des éléments provenant de traditions religieuses et de sagesses différentes de celles dans lesquelles ces adultes ont jusqu'alors grandi. Cet assemblage peut être assez hétéroclite. Vue de l'extérieur, la personne qui vit sous le mode de la référence à soi n'a pas toujours la cohérence qu'elle recherche et qu'elle dit éprouver subjectivement. De plus, les personnes qui vivent la foi sous le mode de l'autonomie sont toutes exposées aux tentations de l'individualisme, de la suffisance et du narcissisme.

On ne peut s'empêcher de suggérer ici un parallèle historique avec ce qui s'est passé dans l'Église occidentale au 16e siècle. Au sortir de la chrétienté, où toutes les appartenances sociales et politiques comportaient une dimension religieuse, la Renaissance a remis l'individu au premier plan. La nouvelle culture était porteuse d'une pression nouvelle pour l'autonomie de la personne et de sa conscience. Un des principaux thèmes des Réformateurs du 16e siècle fut le libre-examen. Selon cette doctrine, chaque croyant est seul face à l'interpellation que Dieu lui adresse dans la Parole biblique; il est responsable de sa réponse qui ne saurait être autre chose qu'une décision libre et personnelle. *De la liberté du chrétien* est d'ailleurs le titre d'un petit ouvrage de Martin Luther où il revendique pour chaque baptisé la liberté comme conséquence de l'acte de foi qui seul sauve[6].

Sans porter un jugement historique ou théologique sur les questions litigieuses à l'époque, on peut interpréter la Réforme comme une grande poussée collective vers l'autonomie du croyant dans la foi, en particulier face à la lecture de la Bible. Et toujours sans juger de l'opportunité ou de la sagesse de la réponse catholique, on peut observer qu'elle fut essentiellement une consolidation des structures d'autorité et de tradition visant à maintenir les croyants dans une attitude d'obéis-

---

[6] Le texte est facilement accessible dans l'édition de la collection *Foi vivante* (n° 109).

sance, de soumission et d'appartenance ecclésiale typiques du stade 3.

Une enquête approfondie effectuée au début des années 1980[7] montre que les hommes passent plus vite que les femmes du stade 3 au stade 4 du développement de la foi. Ce résultat n'est pas étonnant. Les cultures patriarcales ou celles qui sont encore marquées de leur esprit ont beaucoup favorisé l'autonomie des hommes, mais tenu plus longtemps les femmes à l'écart des responsabilités. Les femmes ont eu tendance à vivre plus longtemps que les hommes dans un état de dépendance. De plus, elles ont jusqu'ici accordé plus d'importance que les hommes aux relations interpersonnelles et aux appartenances. Ces traits de la culture ont des répercussions au plan de la foi. Les femmes se meuvent plus longtemps que les hommes dans un univers où elles accordent beaucoup de signification à l'appartenance, au groupe, à la solidarité. Les hommes passent plus rapidement au stade de l'indépendance face à l'autorité extérieure et de l'autonomie dans la définition des valeurs.

Mais la même étude a montré que plus d'hommes que de femmes restent toute leur vie à ce stade d'autogestion de leur vie de foi, et que plusieurs n'entrent que tardivement dans la phase suivante. Les femmes traversent plus rapidement que les hommes l'étape du stade 4 de Fowler et accèdent plus vite au stade suivant.

Stade 5 ou stade de la réappropriation

Selon Fowler, les personnes qui passent au stade 5 sont relativement peu nombreuses. De plus, il n'en a rencontré

---

[7] K. Stokes (ed.), *Faith Development in the Adult Life Cycle Research Project* (Projet de recherche «Développement de la foi dans le cycle de la vie adulte»), Minneapolis, Religious Education Association of the U.S. and Canada, 1987. Les résultats les plus significatifs de la recherche sont vulgarisés dans K. Stokes, *Faith Is A Verb*, Mystic, Twenty-Third Publications, 1989.

aucune qui l'ait fait avant d'avoir atteint quarante ans. Qu'est-ce qui caractérise ceux et celles qui vont au-delà de la référence à soi? Une nouvelle tranche de vie cherchera à le faire sentir.

* * *

Catherine s'engage prudemment sur l'autoroute mouillée qui réfléchit la lumière orangée des réverbères. Elle s'installe dans la voie de droite et, libérée de l'attention requise par la conduite, elle se laisse envahir par les souvenirs de sa soirée. Elle revoit le visage grave d'Alice et entend le rire de Mylène. Elle éprouve de nouveau l'inquiétude qu'a fait naître le silence inhabituel de Béatrice.

C'est la première année seulement que Catherine participe aux activités de la section locale de la Coalition nationale des maisons d'hébergement pour femmes victimes de violence. Elle s'est facilement intégrée au groupe et chacune des autres militantes lui est devenue chère. Elle admire la conviction et l'enthousiasme des unes, la clarté et la rigueur des autres.

Ce qu'elle apprécie et à quoi elle ne s'attendait pas, c'est l'expérience de la diversité. Quatre des onze participantes sont d'origine étrangère. Deux d'entre elles sont musulmanes. Parmi les participantes originaires du pays, quatre ou cinq sont catholiques, mais Catherine est la seule à se réclamer d'une participation active à la vie de son Église. Une autre se rattache de façon plus ou moins lointaine à l'Église réformée. Les autres sont probablement agnostiques. Diversité religieuse, diversité culturelle, diversité aussi des carrières, des expériences de vie, des options politiques, bien que personne, dans le groupe, ne se rattache à la droite.

«Chemin Haut-de-la-Rivière»... «Montée des Patriotes»... «St-Bruno de Montarville»... Les sorties de l'autoroute défilent sans retenir son attention. Catherine pense plutôt à la

façon dont elle rendra compte de la soirée où on a discuté d'un éventuel regroupement avec un groupe aux appartenances politiques très marquées qui préconise des méthodes d'action percutantes. Elle sent comme de l'intérieur les résistances de ses compagnes et respecte profondément leurs craintes: crainte d'être manipulées ou récupérées, crainte d'être marginalisées aussitôt que l'appui de la Coalition ne sera plus requis.

Pour sa part, Catherine se sentirait suffisamment solide dans ses options pour ne pas craindre de se frotter à l'autre groupe. Elle éprouve même une sorte d'attirance à s'exposer à quelque chose de différent: une autre logique, une autre vision du monde. Après tout, l'important n'est-il pas la cause des femmes? Catherine pressent combien cet objectif partagé permettrait des échanges profonds.

«Boulevard de Mortagne». La pluie a cessé. Catherine roule lentement dans les rues silencieuses de la ville endormie. Une fois encore, une vieille image biblique occupe son esprit: celle de la ville de Jéricho, réputée imprenable et pourtant tombée sous l'effet de la musique à l'extérieur et grâce à la complicité d'une femme à l'intérieur. Cette image inspire depuis assez longtemps son engagement féministe. Elle lui suggère que ce n'est pas de façon masculine, par la force et la confrontation, que les femmes renverseront le mur de la société patriarcale qui les exclut, mais par leur solidarité, en chantant et en dansant dans l'espace libre, en y créant une autre façon d'être ensemble. Alors, croit-elle, les murs tomberont d'eux-mêmes parce que ceux qui y sont enfermés auront envie de goûter à cette vie autre.

Catherine achève sa route et sa réflexion dans une sorte de prière. Prière du soir... geste longtemps négligé, abandonné, mis de côté comme purement formel, et redécouvert maintenant comme une sorte de chemin très simple vers la paix intérieure et l'unité de l'être.

* * *

Accéder au stade 5 de Fowler, c'est expérimenter une sorte d'élargissement des perspectives, une expansion de l'univers intérieur. L'importance du «je» caractérisait le stade précédent. Ce sera maintenant l'importance du «moi», de l'être en communion avec les autres, mais aussi avec les zones les plus profondes de son être. Les personnes qui vivent la foi sous le mode de la réappropriation se caractérisent par une ouverture nouvelle à la réalité et à la vie dans toutes ses manifestations et dans toutes ses dimensions, même les plus paradoxales. «Conjonctive»: voilà comment Fowler qualifie cette étape. Il veut attirer par là l'attention sur le fait qu'une unité nouvelle apparaît dans l'être, et que la personne y intègre des éléments mis en veilleuse ou carrément refusés au stade 4, et des éléments qui n'avaient jamais encore fait partie de la structure intérieure, comme l'appréciation positive des autres traditions philosophiques, spirituelles et religieuses.

Un assouplissement des structures intérieures caractérise l'être des personnes qui vivent la foi sous ce mode. Elles ne sont plus aussi sélectives et ne filtrent plus la réalité extérieure en la mesurant à l'aune de leurs exigences légitimes, mais forcément limitées. Elles sont plutôt comme naturellement ouvertes à l'expérience, spontanément en communion avec tout ce qui est humain.

Il leur arrive fréquemment de se réapproprier, mais en y trouvant une signification et une richesse nouvelles, des croyances, des pratiques, des symboles mis de côté ou laissés dans l'ombre durant la phase précédente. Tel fera une nouvelle place à la prière dans sa vie, telle qui s'y était longtemps refusée trouvera du sens à une démarche extérieure de célébration du repentir et du pardon. Pour leur entourage, ces personnes semblent vivre un retour en arrière. En réalité, il s'agit d'une réappropriation profonde qui est un enrichissement indéniable de l'expérience intérieure. On aura observé la présence de la plupart de ces traits dans l'histoire de Catherine.

L'accès au stade 5 de Fowler n'est pas sans analogie avec la transformation qu'a si bien décrite Paul Ricœur lorsqu'il parle de l'accès à la seconde naïveté[8]. La première naïveté est celle de la lecture immédiate de la réalité, et ceci inclut la réalité religieuse, la compréhension des textes bibliques et des us et coutumes de la tradition de l'Église: lecture naïve qui est une acceptation sans question de la réalité telle qu'elle se donne à voir. Au pied de la lettre, pourrait-on dire. On retrouve ici certains traits des stades 1 à 3 de Fowler. Or apparaissent, avec le stade 4, les exigences de la conscience critique et voilà que plus rien n'apparaît certain. On entre alors dans une dure épreuve de doute, de questionnement, d'examen, d'incertitude, où l'on réserve son jugement ou son adhésion parce que dans l'état actuel des choses, les obstacles intellectuels, relationnels ou autres semblent s'être accumulés. Si Ricœur appelle «seconde naïveté» l'issue normale de ce processus souvent long et douloureux, c'est qu'il est reprise en compte et réintégration de ce qui a déjà été reçu «naïvement». Cette fois, cependant, la nouvelle adhésion existe de l'intérieur d'une nouvelle compréhension. C'est en cela que consiste le stade 5 de Fowler.

Parallèlement à cette réappropriation de beaucoup d'éléments de sa propre tradition et, surtout, à cette nouvelle synthèse plus cohérente, plus complète et plus harmonieuse, le croyant ou la croyante qui vit sa foi au stade 5 de Fowler se caractérise par une grande ouverture aux symboles, attitudes, rites et valeurs d'autres hommes, d'autres femmes, d'autres groupes. Sans doute, on l'a mentionné, trouve-t-on quelque chose de cette ouverture au stade de la référence à soi, où chacun peut, dans une sorte de syncrétisme pas toujours bien intégré, prendre tel ou tel élément d'une autre tradition spiri-

---

[8] Voir *La symbolique du mal*, Paris, Aubier, 1960, pp. 323-332.

tuelle parce qu'il a du sens pour soi. Mais chez ceux qui vivent la foi sous le mode de la réappropriation, cette ouverture est plus globale. Ils expérimentent une sorte de communion spirituelle par le fond avec les autres. Ils cherchent moins à composer une sorte de synthèse personnelle plus ou moins hybride que de vivre leur expérience de foi en complicité intérieure avec d'autres chercheurs de sens, d'autres chercheurs de Dieu. C'est à une sorte d'éclatement des frontières étanches que l'on assiste. Il ne s'agit pas d'une démission intérieure de la personne pour qui désormais tout serait indifféremment acceptable dans une relativisation totale de toute réalité. C'est plutôt parce que la personne est entrée dans une très solide cohérence qu'elle peut, sans se sentir menacée, communier à toute recherche spirituelle et humaine authentique.

Ce processus et son rare aboutissement dans l'étape suivante ne sont pas sans rapport avec ce que Carl Jung a révélé du développement psychique et que nous ne pouvons qu'évoquer ici au passage. L'intégration harmonieuse de ce qui a été vécu jusque là sous le mode du paradoxe, telle la polarité masculin-féminin, est typique de cette étape. De plus, la personne ayant développé sa conscience d'elle-même et trouvé sa cohérence intérieure profonde a maintenant accès à une sorte de communauté avec le monde et avec l'universel. Ce n'est plus dans son drame personnel, individuel, qu'elle est engagée: c'est dans le drame humain universel. Cet élargissement de la conscience marque ainsi chez Fowler comme chez Jung l'aboutissement du cheminement intérieur.

Stade 6 ou stade de l'universel

Fowler propose pourtant un dernier stade de développement de la foi. À vrai dire, les individus qui y ont accédé sont très rares. Dans son échantillon original de plusieurs centaines de personnes, une seule présentait les traits qu'il a pu retrouver chez quelques grandes figures de l'histoire humaine.

Les personnes qui sont au stade 6, que Fowler appelle, maladroitement à notre avis, les «saints», se caractérisent par un mystérieux alliage de communion profonde à l'universel et d'enracinement dans des convictions particulières. Les individus mentionnés par Fowler, comme Mahatma Gandhi, Dag Hammarskjöld, Martin Luther King, Mère Teresa, sont tous profondément enracinés dans une tradition spirituelle et religieuse bien identifiée.

Et pourtant, sans rien sacrifier de leurs croyances profondes, ils les vivent en communion universelle avec tout ce qui est vivant. C'est le service de la vie qui est devenu premier et aucun préjugé, aucun particularisme, même pas leur intérêt propre, ne font plus obstacle à cette communion universelle, humaine et cosmique. Parvenus à un parfait décentrement d'eux-mêmes, et sans se mépriser le moins du monde, ils accomplissent leur vie dans le service de la vie. Les divisions de l'humanité sont pour eux une souffrance continuelle car ils sentent comme de l'intérieur la communauté d'être et de destin de toute l'humanité. Ces personnes, dit Fowler, ébranlent nos critères habituels de normalité et on ne s'étonnera pas qu'elles deviennent souvent martyres pour les visions qu'elles incarnent[9].

On peut regretter que Fowler ait risqué l'appellation de «saints» pour désigner ces êtres exceptionnels. D'autant plus qu'ailleurs, nous l'avons indiqué au début de ce chapitre, il explique bien que les stades n'ont pas de conno-

---

[9] Que la courbe générale du développement de la foi s'apparente à celle du développement personnel est encore montré par le rapprochement de la pensée de Fowler avec celle de Maslow: aussi paradoxal que cela puisse paraître, le chemin qui mène à la conscience de soi comme individu est aussi le chemin pour faire l'expérience de sa propre espèce, de ce qu'on a en commun avec les autres membres de l'espèce humaine; voir *Vers une psychologie de l'être*, Paris, Fayard, 1972, p. 211.

tation qualitative. Il y a eu et il y a des saints qui ont vécu ou qui vivent au stade 3, ardents défenseurs de l'autorité de l'Église, imprimant à leur vie une direction qu'ils reçoivent avec humilité et docilité d'un confesseur ou d'une autre autorité, suivant avec respect les traditions de la communauté. Il y a eu et il y a des saints au stade 4, des saints inclassables, rebelles ou prophètes, farouches témoins de la liberté du croyant et de la différence entre ce qui, dans une tradition religieuse, est essentiel et ce qui est périphérique. Il y a des saints au stade 5, apôtres de l'œcuménisme, gens de dialogue qui jettent des ponts entre les cultures et les traditions. Aucun stade ne s'identifie à la «perfection», même si l'on doit reconnaître que les personnes en qui on retrouve les caractéristiques du stade 6 représentent une sorte d'idéal aussi bien d'humanisme que de spiritualité.

L'utilité des balises

Le schéma de Fowler, on s'en doute, a été largement critiqué. On lui a reproché de trop mettre l'accent sur l'aspect conscient et rationnel de l'expérience de foi; d'utiliser un concept trop large de foi; de négliger la partie «folie» qu'implique pour quelqu'un le fait de s'abandonner à l'Absolu; de privilégier une catégorie de personnes dans la société nord-américaine et, par conséquent, de ne pas être universel.

Pourtant, le schéma survit aux critiques. Il repose sur une étude sans parallèle et Fowler pourrait reprendre, à l'endroit de ses détracteurs, la réponse qu'Einstein faisait aux siens: avez-vous autre chose à proposer? Le schéma survit surtout parce que, en dépit de ses limites propres ou dans la façon de le vulgariser, un très grand nombre d'adultes y retrouvent leur expérience. Voilà bien sa principale utilité.

Beaucoup d'hommes et de femmes, parcourant tant de chemins différents, reconnaissent quelque chose de leur propre itinéraire dans la description que fait Fowler. Ces indices leur permettent d'interpréter leur histoire personnelle, de se l'approprier, d'anticiper les changements qui pourraient se produire et de s'y préparer. Les descriptions de ce schéma leur permettent aussi de reconnaître la diversité des cheminements, de cultiver un plus grand respect pour cette diversité et, donc, de mieux apprécier les personnes qui les entourent. Le schéma de Fowler aide également dans le même sens les éducateurs et tous ceux qui remplissent une fonction pastorale auprès des adultes[10].

Le danger le plus répandu et sans doute le plus pernicieux qui guette ceux qui découvrent l'œuvre de Fowler est de transformer le schéma descriptif en schéma prescriptif. Fowler ne prétend pas à plus que décrire ce qu'il a observé et entendu. Il le fait de façon systématique et rigoureuse, mettant en lumière des constantes qui peuvent, selon lui, être observées au cours de l'existence humaine. Mais il n'y a qu'un pas entre la description et la prescription, entre «voici comment j'observe que les choses se passent» à «voici comment je crois que les choses doivent se passer».

Faire du schéma descriptif un schéma prescriptif, c'est penser qu'il n'est pas normal qu'à trente ans, une personne soit «encore» au stade 3 ou vouloir à tout prix faire passer quelqu'un (ou soi-même) à un stade «supérieur». Plusieurs croyants au stade de l'appartenance se sentent bousculés par les remarques que leur font des personnes du stade suivant qui veulent à tout prix les «sortir» de ce dans quoi ils sont: «Tu crois encore cela?» La même remarque peut viser des adultes qui ont réinterprété l'héritage sans le rejeter. Inversement,

---

[10] Fowler lui-même a abordé ces implications dans ses deux ouvrages ultérieurs, soit *Becoming Adult, Becoming Christian: Adult Development and Christian Faith* (Devenir adulte, devenir chrétien: le développement de l'adulte et la foi chrétienne), San Francisco, Harper & Row, 1984, et *Faith Development and Pastoral Care* (Développement de la foi et service pastoral), Philadelphie, Fortress Press, 1989.

plusieurs croyants du stade de l'appartenance ou du stade de la référence à soi qui ont conservé un lien avec l'Église arrivent mal à s'imaginer que pour d'autres, le passage vers la vie et le sens ait signifié un abandon du religieux, peut-être provisoire, mais sur lequel, pour l'instant, ils n'entendent pas revenir.

En réalité, on pourrait facilement montrer qu'il est bon, pour la vitalité d'une communauté chrétienne et pour le cheminement des personnes vers la maturité dans la foi, de savoir respecter chaque personne dans l'étape où elle se trouve. Il est important que toute personne puisse être en contact avec des femmes et des hommes qui ont d'autres façons de se situer au plan de la foi. Cela peut être, à n'en pas douter, assez inconfortable dans certains milieux et dans certaines situations. Mais c'est la cœxistence dynamique des chercheurs de sens qui peut assurer un mouvement vers l'avant sur des chemins dont on connaît, maintenant, certains tracés prévisibles.

CHAPITRE 4

Passages et transitions

Quand des adultes racontent leur expérience intérieure, leur récit comporte habituellement le souvenir d'au moins un passage majeur qui marque, dans leur vie, un avant et un après. D'autres transitions, mineures, obligent aussi à des ruptures et à des adaptations. Ces changements de la vie adulte se greffent souvent sur des événements de la vie professionnelle, sociale ou familiale. Ils affectent également l'expérience de croire. Si l'on s'en tient au schéma de Fowler, l'adulte vit un ou deux de ces tournants majeurs dans le développement de sa vie de foi.

Dans ce chapitre, nous allons chercher à décrire ce qui se passe à ces moments plus ou moins cruciaux de l'existence et nous allons en suggérer des pistes d'interprétation théologique. Il sera nécessaire de reprendre ici des informations déjà présentées dans ce livre, mais sous un angle différent. Il ne faudra pas s'étonner non plus de la part qui sera accordée aux sentiments dans cette étude. Le processus que nous voulons décrire ici est, en effet, davantage «éprouvé» par les personnes qui y sont engagées que «réfléchi» froidement et logiquement. C'est par le biais des émotions que l'on peut le mieux non seulement le décrire, mais aussi le comprendre.

Les points communs des passages

Ces transitions ou passages, qu'ils soient majeurs ou de moindre importance, ont un certain nombre de points en commun. D'abord, on les décide rarement, on les planifie encore moins; ils s'imposent, on y est entraîné. La seule véritable décision possible est souvent de l'ordre du consentement. De plus, dans les passages majeurs, ce sont toutes les dimensions de l'existence, jusqu'aux plus fondamentales, qui doivent être redéfinies. Et tandis que dans les premiers temps de la transition les impressions dominantes sont l'inconfort, la désorientation et l'ambivalence, à mesure que l'issue du passage approche, c'est un profond sentiment de vie et d'énergie qui domine. L'histoire qui suit introduira bien la réflexion.

* * *

Lorsqu'elle entra dans mon bureau pour la première fois, Brigitte portait un manteau de laine rouge blanchi aux épaules par la neige. En l'enlevant, elle s'excusa un peu maladroitement de faire tomber cette neige sur le tapis et parut soulagée de s'asseoir. Brigitte m'avait demandé rendez-vous quelque temps après avoir assisté à une conférence que j'avais donnée sur la vie de foi de l'adulte. Comme c'était la seule chose que je savais d'elle et pour la mettre à l'aise, je lui demandai ce qui l'avait intéressée dans cette conférence. Elle avait commencé à parler depuis quelques minutes à peine qu'elle me livrait sa situation présente:

«Je me sens présentement comme à un carrefour. Je suis hésitante sur la voie que je dois prendre. Je me demande si j'ai fait fausse route jusqu'à présent, je me demande si les voies qui s'offrent à moi sont praticables...

«Voyez-vous, j'ai été élevée dans une famille catholique pratiquante. J'ai fait ma première communion, ce fut toute une fête... Aujourd'hui je me demande pourquoi on en faisait une si grande fête... J'ai été confirmée, tout ça. Et puis, quand j'avais à peu près douze ans, mes parents ont cessé d'aller à l'église, sauf pour les occasions spéciales comme Noël ou des funérailles. Ainsi a pris fin mon expérience religieuse d'enfant.

«J'ai vécu des années loin de tout ça. La religion? Dieu? Ca n'existait tout simplement pas pour moi. Je n'y pensais jamais. Jusqu'au jour où une compagne de travail m'a invitée à prendre part à une soirée sur la paix. Par curiosité, par sympathie pour cette femme aussi, j'y suis allée.

«J'ai eu la surprise de me trouver dans une assemblée religieuse où l'on priait pour la paix intérieure. La soirée était parsemée de chants, de prières et de textes de la Bible qui parlaient de la paix que Dieu promet et donne. Je suis sortie vraiment ébranlée. J'éprouvais une grande paix et je découvrais du même coup quel vide il y avait en moi. Se pouvait-il que j'aie vécu toutes ces années sans prendre une seule fois contact avec ces zones profondes de mon être?

«Je suis retournée plusieurs fois à ces réunions et, après quelque temps, j'ai demandé à être admise dans cette Église. J'ai été instruite des enseignements de la Bible et j'ai reconnu Jésus comme mon Sauveur personnel. Une grande joie et un sentiment de plénitude m'habitaient maintenant en permanence. Ma vie était changée. J'aimais beaucoup les instructions qu'on nous faisait. Nous pouvions tout vérifier dans la Bible. C'était toujours clair, c'était toujours la vérité. Je me demandais souvent: comment se fait-il que, dans l'Église catholique, on n'enseigne pas ça aussi clairement? Et je m'estimais privilégiée d'avoir découvert la vérité.

«Et puis, il y a deux ans environ, il s'est passé un incident douloureux dans l'Église. Un couple dont j'étais très proche

a commencé à faire part aux assemblées des questions qu'il se posait à propos de notre enseignement. Ils avaient de la difficulté à répondre aux objections que leurs enfants leur apportaient: à propos du mariage, de l'homosexualité, de la création du monde, du sort éternel de ceux qui avaient d'autres croyances... Ce couple se permettait, à l'occasion, de soulever des objections à l'enseignement que nous recevions.

«On a commencé par les inviter à l'humilité, à plus de confiance et à plus de foi. Mais rapidement, on est passé aux accusations: «Mauvais esprits, influencés par l'esprit du monde, orgueil...» Le climat était tendu et ces gens ont commencé à s'absenter des assemblées. Après quelques appels des pasteurs à cesser de troubler les gens et à préserver l'unité de la communauté, leur cas fut soumis à l'assemblée qui a voté leur expulsion.

«Cela m'a beaucoup ébranlée. J'étais attachée à cet homme et à cette femme. Je trouvais aussi que plusieurs de leurs questions étaient pertinentes. Au début, je pensais moi aussi que nous devions tous obéissance à la Parole de Dieu, surtout quand nous ne comprenons pas. Mais le doute s'est installé en moi et j'ai commencé à penser que c'était peut-être notre façon de l'interpréter qui n'était pas sûre...»

Brigitte s'arrêta un moment en baissant les yeux. Après de longues secondes de silence, elle ajouta d'une voix plus faible:

«J'ai fini par quitter cette Église il y a un an environ. De moi-même. Ils sont revenus à la charge, ils m'ont harcelée au téléphone. Certains me menaçaient de l'enfer... Mais plus ils insistaient, plus grandissait mon sentiment d'étouffer au sein du groupe. Je... je ne comprends pas ce qui m'arrive, je veux dire, comment j'ai pu passer d'une si grande paix à une si profonde inquiétude... Et je ne sais plus où aller...

«Je voudrais répondre à mes questions. Je voudrais dire ce à quoi je crois et pourquoi je le crois autrement que simplement parce que c'est écrit dans la Bible et parce que nos instructeurs l'enseignent. Quand vous avez parlé, dans votre conférence, de changements ou d'étapes dans la vie de foi, j'ai pensé que vous pourriez m'aider à comprendre ce qui m'est arrivé et à voir comment je peux me sortir de cet état inconfortable où je suis présentement...»

* * *

Plusieurs choses frappent dans cette relation. D'abord, l'intensité du désarroi de Brigitte. Ce désarroi tient sans doute au fait qu'elle ne comprend pas très bien ce qui lui arrive et qu'elle ne voit clairement ni vers où elle pourrait se diriger, ni quel serait le premier pas à faire dans cette direction. Mais l'intensité du désarroi de Brigitte tient aussi à sa conviction de ne plus pouvoir revenir en arrière. Même si elle trouvait un autre lieu d'appartenance, qu'il soit ou non religieux, elle ne pourrait plus vivre de la même façon, dans le renoncement à ses questions et la soumission à une autorité absolue.

Ce qui ressort aussi de ce témoignage, c'est que toute la vie de Brigitte est remise en cause. Cela tient au caractère englobant de l'expérience de croire dont il a déjà été fait mention. La paix profonde qu'expérimentait Brigitte tenait pour une large part à la cohérence de propositions claires venant d'une autorité incontestable et à la qualité des relations interpersonnelles dans une communauté où elle se sentait acceptée et reconnue. Maintenant, ce ne sont pas seulement des incertitudes doctrinales ou une crise de confiance envers les leaders de la communauté qui ébranlent Brigitte; c'est toute sa structure de sens qui s'est effondrée.

Un réaménagement des structures intérieures

«C'est bien elle! Je vous l'avais dit!» Qu'est-ce qui fait que ceux qui connaissent bien une personne peuvent presque prédire ses réactions à une situation donnée? «Il m'a surpris, jamais je n'aurais pensé qu'il ferait cela!» Qu'est-ce qui explique que l'on doive parfois admettre, inversement, s'être trompé sur quelqu'un? S'il est possible de prévoir les réactions probables de quelqu'un, c'est qu'il existe une certaine stabilité de la personnalité, une sorte de constance dans les façons de voir les gens et les choses ainsi que dans les valeurs auxquelles on se réfère habituellement quand on a des décisions à prendre. Cette stabilité dans la vision du monde et d'elle-même est un des traits de la personnalité adulte.

La vision que l'on a de soi et de ses relations avec le monde est le fruit d'une lente construction qui commence dès l'enfance. Les parents et l'école mettent l'enfant en contact avec des réalités et des normes grâce auxquelles il comprend qu'il y a une différence entre ce qui est bon et ce qui est mauvais, ce qui est beau et ce qui est laid, ce qui est vrai et ce qui est faux. Ce n'est pas seulement l'existence de ces différences qui est intégrée; l'enfant croit habituellement que ce que les personnes signifiantes pour lui trouvent beau, bon, juste et vrai est effectivement ce qui est beau, bon, juste et vrai. C'est une des tâches de l'adolescence que de faire du ménage dans cet héritage reçu sous le mode de la pure confiance et de vouloir ne conserver que ce qui peut effectivement être vérifié personnellement comme beau, bon, juste et vrai pour soi et à ses propres yeux.

Au passage de l'adolescence à l'âge adulte, la personnalité se structure autour d'un système plus personnel de représentations de la réalité et d'une image de soi désormais assez nette. Tout ce que l'on vit est désormais constamment interprété, filtré, comparé. Quand une nouvelle expérience ou une nouvelle connaissance est compatible avec le système de représentations, on l'intègre. Mais si elle est jugée inacceptable ou constitue une menace pour le système, on la rejette ou encore on la modifie pour l'intégrer sans remettre en cause la cohérence interne de la synthèse intérieure.

Remarquons au passage qu'il n'est pas du tout nécessaire que cette synthèse soit claire aux yeux de la personne. Pour une large part, elle échappe à la conscience. C'est surtout lorsqu'on doit clarifier ses positions, justifier ses conduites, motiver ses refus qu'elle apparaît. On comprend ici le besoin des adolescents de parler longuement avec les autres, car c'est en s'exprimant qu'ils découvrent leur vision du monde et qu'ils l'affirment. On peut comprendre aussi les difficultés éprouvées par un grand nombre d'adultes qui n'arrivent pas à clarifier leur univers intérieur parce que la culture ambiante interdit de parler d'autres choses que de réalités superficielles et parce que l'anonymat de la société moderne raréfie les possibilités de vivre l'amitié.

Cet univers intérieur est loin d'être une simple juxtaposition d'éléments. Il est structuré. On a parlé plus haut de système, de synthèse. Les convictions, les valeurs, les préjugés, les options profondes et les refus fondamentaux, tout cela est inter-relié dans une sorte d'architecture intérieure complexe. En étudiant cette structure intérieure, des psychologues de la personnalité[1] ont vu qu'elle comportait un noyau dur de croyances premières et centrales auxquelles se rattachent de façon plus ou moins lâche des croyances que l'on peut qualifier de secondaires ou périphériques.

L'attitude radicale devant les grandes questions de l'existence, que nous avons appelée la foi, fait partie de ces croyances centrales et fondamentales qui déterminent pour une per-

---

[1] En particulier M. Rokeach, *The Open and Closed Mind* (L'esprit ouvert et fermé), New York, Basic Books, 1960.

sonne ce qui est vrai, beau, bon et juste. Ces croyances centrales sont rarement remises en question; subjectivement parlant, la personne y adhère sous le mode de l'évidence. Sous l'influence de son milieu et des personnes signifiantes avec lesquelles elle est en relation, elle peut accepter de modifier des croyances, convictions ou habitudes périphériques. Mais la personne en santé résiste beaucoup à tout ce qui contesterait la validité de ses croyances centrales. Ce sont elles, en effet, qui supportent l'édifice intérieur. On comprend mieux alors pourquoi la crise que vit Brigitte au plan de la foi peut avoir des répercussions si profondes et l'ébranler si sérieusement.

Si les résistances à modifier sa vision du monde, son système de représentations, tiennent au caractère central des croyances en question, elles s'expliquent de plus par le fait que cette structure intérieure sert également de support à l'identité personnelle et sociale. Comme on l'a indiqué au début de cette section, l'adulte se définit et est défini par les autres en fonction de ce qu'il croit et d'une certaine façon de vivre. Aussi toute pression conduisant à une modification de la structure de représentations est-elle perçue comme une menace à l'image que l'on a de soi et que les autres ont de nous, en un mot comme une menace à l'identité et à l'intégrité personnelles.

Certaines personnes surmontent difficilement ces résistances à une révision de leur «foi». Il leur faut une pression irrésistible, par exemple celle qui vient d'un événement extérieur majeur, comme la perte d'un conjoint ou la perte de crédibilité d'une personne ou d'une institution en qui on avait placé toute sa confiance. D'autres personnes sont plus souples, plus spontanément accueillantes aux questions et davantage capables de porter l'ambiguïté. Aussi les transitions dont nous parlons ne représentent-elles pas pour tous les adultes une crise ou un déchirement profond. Toute transition comporte sa part d'inconfort et d'instabilité, comme on le verra plus loin. Mais certains prennent le virage de façon relativement harmonieuse alors que pour d'autres, le passage a les allures d'une tempête extrêmement violente.

Refuser au point de régresser

Toute personne peut résister au changement et retarder le passage au point, parfois, de l'empêcher totalement, ce qui constitue alors une forme de régression. On a même vu des personnes refuser la réalité elle-même, par exemple la mort d'un enfant ou d'un conjoint, et s'enfermer dans un univers morbide complètement décroché de la réalité. Au plan collectif, l'histoire est riche de groupes et de sectes nés du refus d'un changement dans la doctrine ou la discipline d'une Église et qui se sont comme pétrifiés dans le passé.

Un autre visage de la régression est le découragement devant la difficulté de l'ajustement et les exigences du changement. C'est à la Bible que nous emprunterons ici quelques exemples. Las d'être seul et isolé dans sa lutte pour la religion traditionnelle et menacé par les autorités politiques du royaume d'Israël, le prophète Élie sombre dans le découragement. «Il marcha dans le désert un jour de chemin et il alla s'asseoir sous un genêt. Il souhaita de mourir et dit: «Ç'en est assez maintenant, Yahvé! Prends ma vie, car je ne suis pas meilleur que mes pères» (1 R 19, 4). Deux siècles plus tard, le prophète Jérémie connaît au milieu de sa vie une pareille hésitation à continuer son ministère et dit à Dieu: «Pourquoi ma souffrance est-elle continue, ma blessure incurable, rebelle aux soins? Ah! serais-tu pour moi comme un ruisseau trompeur aux eaux décevantes!» (Jr 15, 18). Et parlant de la longue conversion chrétienne, l'Évangile mentionne ceux-là qui «font défection à l'heure de l'épreuve» et «ceux qui n'arrivent pas à maturité à cause des soucis, de la richesse et des plaisirs de la vie» (Lc 8, 13-14). Le refus d'aller plus loin, le refus du risque, le refus, en somme, de grandir est un des visages du mal et du péché dans la vie de l'adulte. Cependant, la poussée vers la vie l'emporte habituellement, ou la réalité s'impose et le passage s'effectue, parfois en douceur, mais souvent dans les larmes.

Les quatre temps d'un passage

Quand on est attentif à son histoire et à celle des autres, on découvre que les transitions se font presque toutes en quatre étapes: l'anticipation, la rupture, l'apprivoisement et l'intégration. Malgré son nom, l'étape d'anticipation joue un rôle clé dans le passage et elle n'en constitue pas que le préambule. Quant aux trois dernières, elles correspondent, grosso modo, aux trois temps du processus de changement décrits par Kurt Lewin et dont on a parlé au chapitre 2: dégel, contact avec la nouveauté, solidification. Dans les pages qui viennent, nous allons les décrire en nous centrant sur l'expérience de croire, puisque c'est là l'objet de ce livre. Mais on pourrait retrouver ces étapes dans l'histoire de l'adaptation à un nouveau pays pour des immigrants ou des réfugiés, dans l'histoire d'un deuil, d'une séparation ou d'un divorce, dans celle de l'arrivée d'un enfant dans une vie de couple, dans celle d'une mutation professionnelle qui entraîne un déménagement, bref dans toute histoire de changement significatif dans la vie.

Premier temps: anticipation

Les principales transformations dans une vie d'adulte surviennent rarement sans être précédées de signes annonciateurs. Presque imperceptibles au début, c'est souvent à rebours qu'on les reconnaît: «Je sentais bien depuis quelque temps que quelque chose n'allait pas... Maintenant, je comprends pourquoi j'étais si impatiente...» Jusque-là, les choses se déroulaient de façon harmonieuse. La vie de couple, la vie professionnelle ou l'appartenance à un groupe étaient vécus sans surprise, avec leurs rythmes et leurs rites familiers. Les questions et insatisfactions étaient réglées grâce à des réajustements relativement faciles à introduire dans la vie.

Et puis, très souvent à l'insu de la conscience, quelque chose se brise. Au début, on ne prête pas attention à ces légères modifications intérieures: mouvements passagers d'impatience, baisse d'intérêt pour certains gestes ou certaines tâches, sentiment confus d'insatisfaction face à certaines explications des choses. Il en va de ces signes discrets comme des premiers symptômes d'une maladie: maux de tête, difficulté à s'endormir ou à digérer ou apparition de rougeurs ou de boutons sur la peau. On se dit: «Ça va passer.»

Or, cela ne passe pas. Ces indices deviennent plus nombreux, on les aperçoit plus fréquemment. Sans s'inquiéter encore vraiment, on y est attentif et on s'interroge. Il se passe quelque chose, mais quoi? On attend. On attend de voir. On cherche des explications. «Je suis fatiguée, sans doute.» «Quand j'aurai fini ce travail... quand Noël sera passé...» On cherche encore à se rassurer.

Mais voilà, le malaise ne fait que s'intensifier. Ce qui, il y a quelques semaines ou quelques mois encore, nous convenait tout à fait devient de plus en plus insatisfaisant. On sent maintenant que quelque chose s'est brisé, que loin d'être superficiel, le malaise est le signe d'une difficulté profonde. On a l'intuition qu'un changement se prépare, qu'un moment de vérité approche.

La phase d'anticipation du passage constitue donc une sorte de préparation psychologique au changement, une disposition à entrer dans un processus de remise en question. Certaines personnes peuvent ignorer et nier le plus longtemps possible ces mouvements intérieurs, mais lorsqu'une transition importante est imminente, c'est peine perdue. Le choc de l'étape suivante n'en sera que plus pénible.

Au plan religieux, l'anticipation prend souvent la forme d'une insatisfaction concernant les pratiques ou la formulation des croyances. Quand ce n'est pas de l'insatisfaction, c'est de l'ennui. On a une impression de stagnation au plan spirituel. On commence à se sentir à l'étroit dans telle façon de voir qui nous convenait tout à fait. Telle pratique qui, jusqu'à hier, faisait vivre, apparaît maintenant formalisme de plus en plus vide de sens. Telle croyance à laquelle on adhérait sans difficulté apparaît tout à coup difficilement compatible avec une autre conviction née d'une approche scientifique de la matière ou de la personnalité.

C'est ainsi que plusieurs femmes éprouvent une tension de plus en plus vive entre leur engagement pour la revendication de l'égalité dans leur vie personnelle et sociale d'une part, et les options des autorités de leur Église à propos de la place de la femme dans la communauté chrétienne ou de la relation de la femme à son corps d'autre part. Survient un point d'intensité où elles sentent qu'elles ne pourront plus porter indéfiniment ce conflit de fidélités. Elles vont être acculées à des décisions majeures.

Dans l'histoire de Brigitte, nous voyons commencer la phase d'anticipation lorsque la communauté refuse d'accueillir le vécu et d'entendre les questions d'un couple pour lequel Brigitte avait beaucoup d'estime. À partir de ce moment-là, elle-même n'entendait plus de la même façon la parole de ceux qui avaient fonction d'enseignement. Et elle n'était plus aussi sûre qu'elle serait toujours véritablement acceptée dans le groupe.

Il arrive que quelqu'un soit projeté dans une transition majeure sans avoir pu vivre la phase d'anticipation. C'est ce qui arrive, par exemple, lorsqu'on est confronté au décès accidentel d'un être cher ou lorsque, sans avertissement, un conjoint décide d'aller vivre avec une autre personne. Au plan religieux, plusieurs adultes ont été soudainement contraints à un réexamen majeur de leur foi et de leur appartenance religieuse en apprenant que tel prêtre en qui ils avaient mis toute leur confiance venait de quitter le ministère. D'autres ont été ébranlés quand on a supprimé d'un seul coup des croyances ou des pratiques auxquelles ils accordaient beaucoup de signification. Pour d'autres encore, le choc est venu quand on a cherché à leur imposer d'autorité une ligne de conduite (en matière de contraception, par exemple) qui allait à l'encontre de certaines de leurs valeurs fondamentales. Et il arrive à plus d'un d'être plongé dans une transition tout simplement pour se trouver incapable de répondre à une question de l'intérieur de sa foi ou incapable de réconcilier de façon satisfaisante son système de croyances et tel aspect de la réalité, ce qui arrive souvent quand frappe le mal absurde et insensé.

En résumé, le rôle de l'anticipation est d'assouplir les structures intérieures et de préparer la phase suivante, la rupture. Une transition qui n'est pas précédée de la phase d'anticipation revêt presque toujours les caractères d'une crise, c'est-à-dire d'un ébranlement violent, inconfortable et douloureux de la structure intérieure. Mais même lorsqu'il y a eu phase d'anticipation, le deuxième temps de la transition, la rupture, est encore largement caractérisé par l'inconfort.

Deuxième temps: rupture

Qu'elle ait été préparée par une période de malaise croissant ou qu'elle soit en face d'un événement subi ou imprévu, la personne entre dans la phase de rupture à proprement parler lorsqu'elle devient consciente d'avoir décroché par rapport à au moins une dimension essentielle de son système de représentations. Elle sait que quelque chose s'est rompu.

Cette rupture est rarement le fruit d'une décision explicite; elle se fait et on la constate. On peut, dans un premier temps, la refuser, ou l'admettre avec culpabilité en s'accusant, par exemple, de négligence. On peut aussi l'accueillir comme une nouveauté qui libère. Mais, dans tous les cas, elle s'impose.

Plus on avance, plus apparaissent à la conscience les insuffisances de la façon d'être ou de croire qui a précédé. Pour nous en tenir au plan de l'expérience croyante, des aspects négligés font surface. Les personnes qui passent du stade de la foi vécue sous le mode de l'appartenance communautaire (stade 3 de Fowler) à celui de la foi vécue sous le mode de la référence à soi (stade 4) éprouvent souvent le sentiment d'avoir manqué d'espace intérieur, d'avoir trop dépendu des autres et d'avoir été dépossédées de la responsabilité de leur propre vie. Celles qui quittent le stade 4 sentent qu'elles ont, de façon sélective, limité leur univers intérieur à ce qui apparaissait acceptable pour elles. Elles ont évacué la dimension communautaire de leur vie et se sont protégées de tout ce qui était dérangeant parce que différent.

La phase de rupture est souvent accompagnée de grandes émotions. C'est une phase d'instabilité où tout devenant fluide, on se sent particulièrement vulnérable. Détresse, tristesse, amertume ou encore culpabilité (parce qu'on devient «infidèle» à ses anciennes façons de voir et à un ou des groupes de personnes qui les partagent encore) et crainte («Et si je me trompais? Et si je m'illusionnais?»). L'anxiété vient encore de ce que toute expérience de rupture vient activer dans l'inconscient le souvenir confus et informe de la toute première séparation, la séparation d'avec la mère.

On peut encore expérimenter des émotions d'agressivité ou de rejet. On en veut à ces idées et à ces personnes qui, croit-on, nous ont fait vivre en fonction de réalités extérieures à nous-mêmes: parents, personnes influentes, milieu culturel ou social. On peut tout aussi bien entrer dans une phase très négative envers soi-même, devenir hostile à l'endroit de la personne que l'on a été: «J'étais bien folle de croire cela... Comment ai-je pu être aveugle aussi longtemps...»

Ces sentiments négatifs sont très souvent renforcés par les réactions de l'entourage, qui peuvent grandement interférer et bousculer les rythmes nécessaires à une heureuse résolution de la crise: «Il était temps que tu laisses ça, ça fait longtemps que tu aurais dû tourner cette page.» Ou, à l'inverse: «Il me semblait que tu priais moins: si tu recommençais à prier, tu verrais, ça irait mieux.» On a entendu Brigitte parler des pressions exercées par ceux qui restent dans le groupe qu'elle a quitté. Évidemment, il arrive très souvent que l'on passe d'une foi vécue sous le mode de l'appartenance communautaire à une foi vécue sous le mode de la référence à soi sans cesser pour autant de fréquenter un groupe ou une communauté chrétienne. Mais quand on y demeure, pour peu qu'on dise réellement ce que l'on pense et ce que l'on vit, on s'expose à de vives réactions de reproche, de désaccord ou même de condamnation.

Pour leur part, les personnes engagées dans la transition entre une foi vécue sous le mode de la référence à soi à une foi vécue sous le mode de la réappropriation pourront facilement être l'objet de railleries de la part de ceux avec lesquels, hier encore, elles s'entendaient si bien. On s'étonnera de les voir renouer avec des rites, des symboles ou des croyances mis dans l'ombre ou même complètement abandonnés sans comprendre la réinterprétation profonde qu'on leur a fait subir.

Ainsi donc, la phase de rupture est inconfortable parce que dominée par des sentiments négatifs relativement au passé. Mais tourne-t-on son regard vers l'avant qu'on n'est pas rassuré. Le sentiment dominant est plutôt la confusion. Le regard porté derrière soi ressemble à celui du voyageur qui regarde s'éloigner le rivage. Il voit bien ce qu'il laisse, le pays intérieur qu'il ne pourra plus habiter. Mais il ne voit pas bien où il va. Il sait seulement qu'il faudra que ce soit différent.

Cette incertitude est éprouvante. L'absence de points de repère familiers insécurise.

Lorsque cette période se prolonge, par exemple en l'absence de modèles ou de figures d'identification pour aider à reconstruire une nouvelle cohérence, le sentiment de doute s'accroît. Est-on vraiment sur une bonne voie? A-t-on bien fait de tourner la page? Les choses étaient-elles à ce point insatisfaisantes qu'il soit nécessaire de changer aussi radicalement?

La personne qui va de la foi vécue sous mode d'appartenance communautaire à la foi vécue sous mode de référence à soi se rappelle (ou on lui rappelle) qu'il est risqué de vouloir se conduire soi-même, que plusieurs se sont égarés pour avoir voulu penser par eux-mêmes et être leur propre maître. La personne qui va de la foi vécue sous le mode de la référence à soi à la foi vécue sous le mode de la réappropriation sait et redoute les risques de récupération par l'institution et appréhende qu'à trop chercher l'universel, elle en vienne à perdre son identité.

Cela fait penser aux récits bibliques concernant l'épreuve du désert. Les Israélites ont traversé la mer et ont tourné le dos à l'Égypte. Il leur sera désormais impossible de revenir à cette ancienne vie qui signifiait esclavage et absence d'identité. Mais voilà qu'au désert, il n'y a rien devant eux. Qu'est-ce que c'est que cette vie nomade dont ils ont à apprendre le mode et les rythmes, eux qui vivaient dans les quartiers ouvriers des villes égyptiennes? Qu'est-ce que c'est que d'être un peuple, quand on n'a même pas de terre, de pays où semer, où bâtir des maisons et dont on puisse dire: «Ici, c'est chez moi»?

Alors le doute s'installe, aussi bien concernant le passé que l'avenir. Concernant le passé: la vie en Égypte était-elle à ce point intolérable? Sans doute, les conditions de vie y étaient-elles pénibles et la liberté restreinte, mais au moins les besoins élémentaires de logement et de nourriture étaient satisfaits. «Ah! quel souvenir! le poisson que nous mangions pour rien en Égypte, les concombres, les melons, les laitues, les oignons et l'ail! Maintenant nous dépérissons, privés de tout» (Nb 11, 56). Doute concernant l'avenir: ce passage, était-ce pour la vie? Ne serait-ce pas plutôt pour la mort? «Pourquoi nous avoir fait monter d'Égypte pour nous conduire en ce sinistre lieu? C'est un lieu impropre aux semailles, sans figuiers, ni vignes ni grenadiers; sans même d'eau à boire!» (Nb 20, 5).

Ce qui rend le doute si lourd, c'est de ne plus sentir que le mouvement dans lequel on est engagé conduit vers la vie. «Est-ce pour nous faire mourir de soif, disent les Israélites à Moïse, que tu nous as fait sortir d'Égypte?» (Ex 17, 3). La grande question, au fond, est celle qui est ainsi formulée à la fin de l'épisode de Massa et Mériba dans le livre de l'Exode: «Le Seigneur est-il, ou non, parmi nous?» (17, 7) Dans la phase de rupture, il n'est pas du tout évident qu'on réponde à un appel de Dieu. On est plutôt éprouvé par son silence.

Cette étape de la transition peut durer et laisser la personne longtemps désorientée. Voilà au moins un an qu'elle dure pour Brigitte. Elle a les allures d'une longue nuit ou d'un tunnel qui semble sans fin. Certains la traversent bien sûr assez rapidement. Dans tous les cas, cependant, on n'entre pas dans la phase suivante de façon aussi subite qu'on est entré dans celle-ci. Il y a une phase où l'étape de rupture et l'étape d'apprivoisement se superposent. Cette période intermédiaire est moins inconfortable et moins déroutante. C'est que quelque chose de positif est en train de s'élaborer.

Troisième temps: apprivoisement

La première phase de l'étape d'apprivoisement est la constatation que le ciel ne nous tombe pas sur la tête. En passant d'une foi vécue sous le mode de l'appartenance communautaire à une foi vécue sous le mode de la référence à soi, on a décidé de prendre en mains sa vie de foi. On s'est peut-être inscrit à des cours de théologie pour réfléchir de façon critique à sa foi, et aucun châtiment céleste ne s'est abattu, aucun remords n'est venu torturer l'esprit. On a cessé d'aller à l'église ou on s'est admis intérieurement qu'on était en désaccord avec tel point de l'enseignement officiel de l'Église, et la vie n'est ni plus facile, ni plus difficile qu'avant. En passant d'une foi vécue sous le mode de la référence à soi à une foi vécue sous le mode de la réappropriation, on a commencé à créer des liens avec des groupes de recherche de sens ou d'engagement, on s'est remis à lire la Bible en reconnaissant la puissance de ses mythes et de ses symboles, et on n'a pas le sentiment d'avoir pour autant renoncé à son autonomie ou d'être entré dans la grande noirceur. On a renoué avec une pratique personnelle de la prière et on constate que cela n'a rien à voir avec la bondieuserie ou la prière formaliste.

Cette constatation toute simple produit un effet important: elle rassure. La phase précédente avait été marquée, on l'a vu, par l'insécurité. Voilà qu'on prend pied. Le terrain est suffisamment solide pour qu'on puisse risquer de faire des pas avec un minimum d'assurance.

Ces pas en territoire inconnu se font de façon fort différente selon les personnes et les circonstances où elles se trouvent. Mais à mesure que le temps passe, un élément commun se dégage de la diversité des expériences: on prend plaisir à sa nouvelle façon de croire. On s'y meut avec une aisance croissante. Des sentiments nouveaux émergent, parfois intenses. La période de sa vie dans laquelle on se trouve apparaît marquée par la créativité, la confiance en soi, l'ouverture à la nouveauté. On éprouve de plus en plus souvent de la satisfaction et de l'enthousiasme. On connaît même parfois des moments d'euphorie et d'exaltation.

Il faut se garder d'idéaliser cette phase. C'est vrai qu'on a le sentiment de respirer et de grandir, même si on ne sait pas clairement vers où. Le contraste avec les émotions de la phase de rupture est grand. Il n'y a pourtant pas de transformation magique de l'existence. Elle continue de se dérouler sur le fond de fragilité de la condition humaine. On procède encore par essais et erreurs et certaines erreurs peuvent être douloureuses. On se demande parfois où on en est, on est conscient de ne pas avoir encore atteint une véritable cohérence dans ses convictions et dans ses pratiques. Mais il est vrai que quelque chose a changé pour le mieux dans sa façon de vivre.

Quatrième temps: intégration

À mesure que se développe cette autre façon d'être, une nouvelle architecture intérieure s'édifie. Il peut s'agir d'un simple réaménagement, d'une simple réinterprétation de son ancien système de croyances ou de représentations. Il peut aussi s'agir d'une toute nouvelle façon d'envisager le monde et la vie et de s'y situer soi-même. Pas plus que la première structure intérieure, celle-ci n'est pas nécessairement très consciente et articulée de façon conceptuelle. Plusieurs personnes, la plupart peut-être, effectuent ces transitions en sentant bien qu'il y a des choses qui bougent, mais en étant incapables de les nommer. Mais quelle que soit la part de la conscience dans le processus, il est indéniable que de nouvelles façons de voir et de vivre se cristallisent et se relient entre elles pour établir cette cohérence intérieure souvent mentionnée.

Au terme de la transition, qui dure de quelques mois à quelques années, l'adulte entre dans une nouvelle phase de stabilité. Cette stabilité ne signifie pas immobilisme: elle signifie que toute la vitalité spirituelle s'exprime de l'intérieur d'une nouvelle façon de concevoir l'existence, la foi, la relation à l'Infini. On cherche à traduire cette foi en attitudes et en gestes humbles et quotidiens qui donnent sens à la vie et lui assurent une fécondité réelle.

Avant de terminer, il faut attirer l'attention sur le fait que le processus n'est pas aussi linéaire que la description pourrait le laisser croire. Il y a beaucoup de superposition des étapes et un continuel va-et-vient. Il y a des avancées et des reculs. Refuser d'avancer, c'est régresser, ce qui peut se produire par le refus de l'anticipation ou de la rupture. Une fois qu'on a consenti à la rupture, comme il s'agit d'un processus vital originant de l'intérieur, le mouvement se fait normalement toujours vers l'avant et conduit d'intégrations partielles en intégrations plus complètes de décisions qui ont d'abord été prises sous le mode de l'intuition.

Un défi pour l'Église

Le milieu dans lequel on se trouve peut soutenir ou, au contraire, rendre plus difficiles ces passages vers une autre façon de croire. Combien d'adultes se sentent seuls pour affronter la transition! Il ne s'agit pas de fuir la solitude, qui est une des conditions de la connaissance de soi et une des plus importantes expériences existentielles. Mais il y a une solitude qui paralyse. Les personnes qui font la traversée de façon isolée, ou encore en étant pointées du doigt ou en étant marginalisées par leur entourage, ont plus de peine à trouver une issue heureuse que celles qui sont encouragées et soutenues dans le processus.

On devine alors l'importance, pour les communautés chrétiennes, de reconnaître publiquement que ces passages et transitions sont normaux et qu'ils sont occasion de croissance. Malheureusement, cela ne va pas de soi. Les institutions ont tendance à fixer et à codifier les dynamismes plutôt qu'à les relancer. L'Église n'échappe pas à cette loi sociologique. La foi chrétienne, nous l'avons vu, invite à entrer dans un mouvement de transformation. Le disciple du Christ marche à sa suite en apprenant à se dépouiller peu à peu du volontarisme et de la suffisance avec lesquels il conduit sa vie pour s'abandonner à Dieu et se laisser conduire par lui, à l'exemple du Christ. Une facette de l'existence chrétienne est l'abandon à l'Esprit qui souffle où il veut (Jn 3, 8) et qui fait de la diversité comme il l'entend (1 Co 12, 11).

Sans nier ce mouvement, l'institution tend à le monopoliser et à le gérer. Elle tend à le contrôler, à en détenir l'initiative et la direction. «Ne vous écartez pas du sentier», dit l'institution à ceux qui voudraient trouver leur propre voie dans la forêt, «faites confiance à des guides compétents.» «Tout le monde à bord de l'autobus, nous vous conduirons à bon port», semble-t-elle dire à ceux qui étaient pourtant appelés à créer une réponse originale à l'appel du Christ à le suivre.

L'Église doit lutter de toutes ses forces contre la loi sociologique de méfiance face à l'originalité des cheminements et contre la tentation de monopoliser les itinéraires spirituels. Elle doit se rappeler sans cesse que les périodes de transition sont des périodes très importantes de croissance spirituelle, parce qu'elles sont des temps privilégiés de discernement. Or, le discernement est au cœur de la condition chrétienne.

Les évangélistes ont cherché à mettre en évidence comment Jésus était lui-même engagé dans un processus constant de discernement de la volonté de Dieu. Depuis la scène de la tentation au désert jusqu'à celle de la prière au jardin, la nuit de l'arrestation, ils montrent la vérité de ce que Jean a admirablement formulé: «Je fais toujours ce qui lui plaît» (8, 29). Mais ils montrent aussi clairement comment les systèmes religieux institués (en ce temps-là: la Loi et le système sacrificiel du Temple) non seulement n'étaient pas l'unique lieu où l'on pouvait connaître la volonté de Dieu, mais pouvaient même empêcher d'y arriver.

Aussi Jésus ne propose-t-il rien d'autre à ceux et celles qui marchent à sa suite que d'être des chercheurs de la volonté de Dieu: «Ce n'est pas en me disant: "Seigneur! Seigneur!" qu'on entrera dans le Royaume des cieux, mais c'est en faisant la volonté de mon Père qui est dans les Cieux» (Mt 7, 21). Voilà pourquoi, au cœur de la prière nouvelle inscrite dans leur vie, se trouve la formule «Père, que ta volonté soit faite» (Mt 6, 10).

Les premiers chrétiens ne s'y sont pas trompés. La foi se vit chez eux comme la recherche de la volonté de Dieu pour l'individu comme pour la communauté et ce que l'on appellerait aujourd'hui l'éducation de la foi est chez eux, pour une bonne part, l'apprentissage de ce discernement.

«Ne vous modelez pas sur le monde présent, écrit Paul aux Romains, mais que le renouvellement de votre jugement vous transforme et vous fasse discerner quelle est la volonté de Dieu, ce qui est bon, ce qui lui plaît, ce qui est parfait» (12, 2). Souvent, dans ses lettres, Paul cherche avec ses destinataires. «Ne savez-vous pas, frères...» est une expression qui traduit cette recherche commune. Elle est utilisée assez fréquemment pour montrer le lien qu'il y a entre une donnée fondamentale de la foi chrétienne et une situation particulière dans laquelle on cherche à discerner la volonté de Dieu. Ainsi donc, le goût de croire s'enracine non dans quelque spéculation philosophique ou théologique, mais dans la recherche créative de la volonté de Dieu dans une situation donnée. «Prenez bien garde à votre conduite; qu'elle soit celle non d'insensés mais de sages, qui tirent bon parti de la période présente; car nos temps sont mauvais. Ne vous montrez donc pas inconsidérés, mais sachez voir quelle est la volonté du Seigneur» (Ép 5, 1517). La prière de Paul pour les Philippiens va dans le même sens: «Que votre charité croissant toujours de plus en plus s'épanche en cette vraie science et ce tact affiné qui vous donneront de discerner le meilleur» (Ph 1, 9-10).

La communauté est le lieu où faire cette vérité. C'est en son sein que se transmet la tradition apostolique à la lumière de laquelle le discernement peut se faire. Malheureusement, beaucoup aujourd'hui ne trouvent pas de communauté véritable où existe une authentique connaissance mutuelle et où l'on se soucie vraiment les uns des autres. La majorité des communautés chrétiennes, il faut le dire, restent anonymes et insensibles aux cheminements personnels de leurs membres. Plusieurs adultes croyants doivent donc franchir seuls les difficiles passages de leur vie et de leur foi, recourant à des amis, à des personnes signifiantes et crédibles, ou glanant ça et là au gré de leurs lectures un peu de lumière pour faire le pas suivant.

Heureux donc les adultes qui, comme Brigitte, trouveront sur leur route des personnes qui les éclaireront sur le sens de ce qui leur arrive. Heureux ceux qui trouveront des figures d'identification qui représentent et illustrent ce qu'ils veulent devenir. Heureux seront-ils s'ils trouvent une communauté non pas parfaite, mais vraie, au sein de laquelle des rites peuvent soutenir leurs passages et leurs transitions. Ils pourront s'avancer vers la maturité dans la foi.

SECTION 3

Une foi adulte

CHAPITRE 5

Maturité dans la foi et accomplissement de l'humain

L'aspiration à la maturité dans la foi

Personne ne devrait avoir de difficulté à reconnaître qu'il existe de telles choses que l'immaturité et la maturité dans la foi. Il suffit à chaque lecteur, à chaque lectrice, d'interroger sa propre expérience de foi ou de porter son regard sur quelques personnes signifiantes dans le domaine religieux.

L'idée de maturité dans la foi est loin d'être nouvelle. Déjà un regard sur les lettres de saint Paul montre qu'elle lui était familière. C'est sur le ton du reproche et de la tristesse que Paul écrit aux Corinthiens: «Je n'ai pas pu vous parler comme à des adultes qui ont l'Esprit de Dieu: j'ai dû vous parler comme à des êtres imparfaits (littéralement charnels), comme à des petits enfants dans la foi (litt. dans le Christ). J'ai dû vous donner du lait, non de la nourriture solide, car vous ne pouviez encore la supporter» (1 Co 3, 1-2[1]).

---

[1] Trad. français courant. Le mot grec «homme» doit être traduit par «adulte», puisqu'il s'oppose à «petits enfants», exactement comme en 1 Co 13,11.

La même image et le même reproche sont repris dans la lettre aux Hébreux: «Sur ce sujet (la souffrance et la mort du Christ), nous avons bien des choses à dire et leur explication s'avère difficile, car vous êtes devenus lents à comprendre. Vous devriez être, depuis le temps, des maîtres et vous avez de nouveau besoin qu'on vous enseigne les tout premiers éléments des paroles de Dieu. Vous en êtes arrivés au point d'avoir besoin de lait, non de nourriture solide. Quiconque en est encore au lait ne peut suivre un raisonnement sur ce qui est juste, car c'est un bébé. Les adultes, par contre, prennent de la nourriture solide, eux qui, par la pratique, ont les sens exercés à discerner ce qui est bon et ce qui est mauvais. Ainsi donc, laissons l'enseignement élémentaire sur le Christ pour nous élever à une perfection d'adulte...» (5, 11 — 6, 1).

Sur un ton plus positif, Paul souhaite que les Corinthiens cessent d'être des enfants pour ce qui est du mal, mais deviennent des adultes (litt. des parfaits) pour le jugement (le raisonnement, le discernement; 1 Co 14, 20). Et en s'adressant à l'ensemble de la communauté, il peut enseigner que Dieu diversifie ses dons «en vue de la construction du corps du Christ dans la foi, au terme de laquelle nous devons parvenir, tous ensemble, à ne faire plus qu'un dans la foi et la connaissance du Fils de Dieu, à l'état d'adultes (litt. d'hommes achevés ou parfaits), dans la force de l'âge qui réalise la plénitude du Christ. Ainsi, nous ne serons plus des enfants, nous ne nous laisserons plus ballotter et emporter à tout vent de doctrine, au gré de l'imposture des hommes et de leur astuce à fourvoyer dans l'erreur...» (Ép 4, 12-14).

Il y a donc, dans la nature même de l'expérience de croire, un appel à devenir «adulte dans la foi». Il faut maintenant aller plus loin et chercher à caractériser cette maturité.

Des indicateurs d'une foi adulte?

Certaines personnes associent spontanément la maturité dans la foi à la fréquence des expériences mystiques. Pour elles, la croissance dans la foi conduit vers des expériences de transcendance de plus en plus fréquentes et de plus en plus intenses. Il faut tout de suite dire qu'il n'en est rien.

Il convient de distinguer ces expériences de l'étape appelée, au chapitre 2, «union» ou «mystique» et qui désignait une façon habituelle d'être dans la foi. On parle plutôt ici d'expériences intérieures plus ou moins isolées. C'est un fait qu'un nombre considérable de personnes expérimentent à quelques reprises, au cours de leur vie, des moments intenses où elles sont submergées par un sentiment de plénitude, souvent accompagné de la certitude de la présence de Dieu. Ces expériences laissent une impression durable et constituent souvent des déclencheurs d'une nouvelle étape dans le cheminement spirituel ou dans le voyage intérieur. Elles peuvent donc mettre en route vers la maturité croyante ou soutenir la marche. Elles doivent être appréciées lorsqu'elles sont données. Mais cette intensité ne saurait durer. C'est ailleurs, plus proche du quotidien et de l'expérience commune, qu'il convient de chercher les traits de la maturité dans la foi.

J'ai souvent proposé à des groupes de compléter la phrase suivante: «Il me semble que quelqu'un qui s'approche de la maturité dans la foi, c'est quelqu'un qui...» Avant de poursuivre la lecture, pourquoi ne pas répondre spontanément à votre tour? Quelles sont les formulations qui viennent spontanément à l'esprit?

Ce qui frappe, quand on propose cet exercice, c'est d'abord la multiplicité des réponses. De toute évidence, la maturité dans la foi n'a pas qu'une dimension. C'est une réalité trop complexe et trop riche pour qu'on puisse la dire en une seule phrase. Voici, sans ordre, quelques façons de compléter la phrase parmi celles qui reviennent le plus souvent. Vous pourrez les comparer à votre propre réponse.

Quelqu'un qui s'approche de la maturité dans la foi, c'est quelqu'un qui...

— a une sécurité dans le questionnement

— fait confiance, s'abandonne

— vit sa foi communautairement

— est capable de durer

— vit l'Évangile plus qu'il ou elle n'en parle

— s'engage

— peut reconnaître, discerner la volonté de Dieu

— maîtrise son dire de foi

— a une connaissance juste de sa foi

— se sert des événements pour rencontrer Dieu

— peut accepter les remises en question

— accueille le Royaume de Dieu en petit enfant

— est capable d'altérité: Dieu et l'autre restent autres

— fait la volonté de Dieu, jusqu'à donner sa propre vie si les circonstances l'y conduisent.

Maturité ou maturation?

Le terme «maturité» s'applique d'abord aux végétaux. Il désigne un état qui survient au terme d'un développement. Il connote achèvement et perfection. Il serait donc inopportun de l'employer sans nuance quand il s'agit de l'expérience de croire. Ce serait créer ou entretenir une illusion que de suggérer que la maturité dans la foi puisse être un jour atteinte, si bien qu'on ne saurait aller au-delà. Si la foi chrétienne est un dynamisme de transformation destiné à s'achever dans la ressemblance avec Dieu, on ne peut imaginer que cette transformation puisse un jour être achevée. Aucun croyant n'a jamais pu s'arrêter parce qu'il avait atteint le bout du chemin.

C'est donc de façon analogique que l'on peut parler de maturité dans la foi.

Il serait plus convenable de parler de maturation dans la foi et d'indiquer les directions de la croissance. Voilà pourquoi nous allons présenter le cheminement vers la foi adulte sous le mode d'un continuum sur lequel tous les croyants se situeraient quelque part entre l'immaturité et la maturité, en route vers cette dernière mais avec possibilité de régression ou de stagnation.

Il existe peu de modèles théoriques dans ce domaine[2]. Nous nous sommes inspiré de celui qu'a proposé il y a trente ans le psychologue américain Gordon Allport. Le troisième chapitre de son ouvrage, intitulé *The Individual and His Religion*[3], est consacré à la description des traits de la maturité de ce qu'il appelle le «sentiment religieux». Par sentiment religieux, Allport entend «une disposition, construite par l'expérience, à réagir favorablement et selon certaines façons habituelles, à des objets conceptuels et à des principes que l'individu considère d'importance absolue (ou ultime) dans sa propre vie, et ayant rapport à ce qu'il considère permanent ou central dans la nature des choses» (p. 56). Le «contenu» de ce sentiment religieux peut donc varier. Ce qui intéresse Allport, c'est la structure intérieure, une façon stable de se situer face à l'absolu. La foi chrétienne, en tant qu'expérience subjective, est bien de ce type. Aussi pouvons-nous faire nôtres, en les

---

2 On consultera avec intérêt le récent volume de C.E. Nelson, *How Faith Matures* (Comment mûrit la foi), Louisville, Westminster/John Knox Press, 1989. La question a aussi été abordée par des auteurs de langue française. Mentionnons entre autres A. Liégé, *Adultes dans le Christ*, Bruxelles, La pensée catholique, 1958; A. Vergote, *Conditions psychologiques d'une foi adulte*, Lumen Vitae XV, n° 4, (1960), pp. 625-637; A. Fossion et L. Ridez, *Adultes dans la Foi. Pédagogie et catéchèse*, Paris/Tournai/Bruxelles, Desclée/Lumen Vitae, 1987, pp. 82-89.

3 *The Individual and His Religion. A Psychological Interpretation* (L'individu et sa religion. Une interprétation psychologique), New York, Macmillan, 1961.

modifiant ici ou là, les perspectives du psychologue américain[4].

Continuité et rupture

Le Dieu des chrétiens est pour l'être humain une «bonne nouvelle», un «évangile». Il se présente comme une promesse pour son âme inquiète. Il le confirme dans son désir, il le libère de ses contradictions et de sa peur de la mort (Hé 2, 15), il lui ouvre une voie pour devenir pleinement humain. En donnant sa foi à ce Dieu, le croyant ne renonce pas à la réalisation de son être: il se trouve.

Le chemin de cette réalisation passe cependant par un profond changement d'esprit. Il y a, dans l'Évangile, des exigences qui contrecarrent les sagesses humaines. On y propose des façons de penser et de vivre qui n'ont rien d'évident, qui heurtent ce que le Nouveau Testament appelle la

---

[4] Dans son ouvrage *La catéchèse dans l'Église* (Paris, Cerf 1986), E. Alberich propose cinq traits de la maturité de la foi: 1. La foi mûre constitue une donnée centrale de la personnalité (en opposition à la religiosité ou foi marginale): ce qui se rapproche de ce que nous appelons la foi qui donne de plus en plus de sens à l'existence. 2. La foi mûre développe sous forme cohérente les trois dimensions de l'attitude: cognitive, affective et active (par opposition au développement unilatéral ou partiel). 3. La foi mûre développe et approfondit la dimension cognitive, et permet d'adopter donc une attitude pensée et motivée (par opposition à la religiosité fidéiste ou irrationnelle): ce qui correspond à ce que nous appelons la foi de plus en plus éclairée. 4. La foi mûre implique l'intégration de l'affectivité: on y retrouve ce que nous appelons la foi de plus en plus libre et personnelle et la foi capable de marcher dans l'obscurité. 5. La foi mûre se traduit par une attitude cohérente dans l'action (à l'opposé de la religiosité inopérante et incohérente): ce qui se rapproche encore de la foi qui donne sens à l'existence. Voir E. Alberich, op. cit., pp. 124-128. Une autre liste d'indicateurs d'une foi adulte a été établie récemment aux fins d'un vaste projet de recherche mené entre 1987 et 1990 aux États-Unis par le Search Institute de Minneapolis pour le compte de six grandes Églises protestantes. Ces indicateurs sont au nombre de huit: «La personne dont la foi chrétienne est adulte (mature) 1. fait confiance à Dieu et croit en lui, 2. fait l'expérience des fruits de la foi, 3. intègre la foi et la vie, 4. recherche la croissance spirituelle, 5. vit et nourrit sa foi en communauté, 6. a des valeurs tournées vers la vie, 7. promeut le changement social, 8. s'engage et est en état de service.»

mentalité du «monde». On n'est pas chrétien sans accepter de nombreux renoncements.

Le mouvement vers la foi adulte peut donc être convenablement présenté en deux temps. Nous allons d'abord voir la maturation de la foi sous l'angle de la continuité avec les aspirations humaines fondamentales puis, au chapitre suivant, sous l'angle de la rupture[5].

1. Une réponse de plus en plus libre et personnelle

La foi comme réponse

La foi ou la spiritualité est la forme que la personne donne à son besoin d'accorder à une réalité un caractère absolu et d'organiser autour d'elle sa vie et, de façon spéciale, sa recherche de sens. Pour lui donner forme, la personne utilise toutes sortes de matériaux: courants sociaux, idéologies politiques, traditions de sagesse et, par-dessus tout, traditions religieuses. Les philosophes, les sages, les gourous, les grands maîtres spirituels et initiateurs de toute sorte ont réussi à formuler leur propre synthèse de façon cohérente et à la proposer clairement aux autres. On peut dire de cette «foi» qu'elle est une réponse, en ce sens que la personne répond à un besoin ressenti à l'intérieur d'elle-même.

Pour les chrétiens, la foi est réponse dans un autre sens, qui n'exclut pas le premier. L'existence chrétienne ne se comprend que comme réponse à l'initiative de Dieu. Juifs, chrétiens et musulmans ont en commun de croire que Dieu s'est révélé par l'entremise d'êtres humains, qu'ils appellent «prophètes». Pour eux, la foi est essentiellement l'accueil de cette révélation. Pour les juifs, Dieu a parlé par Moïse. Pour

---

[5] C'est Charles Lefèvre qui a attiré notre attention sur l'importance de cette distinction dans ce contexte précis. Nous l'en remercions ici. Cf. A Fossion et L. Ridez, *op. cit.*, p. 81.

les musulmans, il s'est révélé pleinement par Mohammed. Pour les chrétiens, Jésus est l'image parfaitement révélatrice de Dieu parce que Dieu lui-même prenant notre condition. «Nul n'a jamais vu Dieu. Le Fils unique, qui est dans le sein du Père, lui, l'a fait connaître» explique Jean (1, 18).

La foi chrétienne est la réponse que des hommes et des femmes donnent du fond de leur cœur et avec toute leur vie à une proposition qui leur est faite sur Dieu, sur eux-mêmes et sur le monde par et en Jésus Christ. La foi est réponse à une invitation: «Suis-moi...» (Mc 2, 14; 10, 21), «Si tu veux...» (Mt 19, 21), «Venez voir...» (Jn 1, 39), «Si quelqu'un veut venir à ma suite...» (Mc 8, 34), «Je vous exhorte donc, mes frères... » (Rm 12, 1; 1 Co 1, 10 ; 2 Co 2, 8; 10, 1, etc.). La révélation est un appel à la liberté: «Voici, je te propose aujourd'hui vie et bonheur, mort et malheur» (Dt 30, 15).

Dire que la foi chrétienne est une réponse à Dieu qui prend l'initiative d'appeler ne signifie pas qu'elle soit sans lien avec la quête de sens et la recherche spirituelle. Jésus ne compare-t-il pas le Règne de Dieu à un trésor trouvé dans un champ ou à une perle longtemps recherchée (Mt 13, 44-46)? Plus d'une fois, dans l'évangile de Jean, des personnes en recherche viennent à Jésus: les disciples de Jean-Baptiste, Nicodème, des Grecs de passage à Jérusalem (1, 37-38; 3, 1ss.; 12, 20ss.). L'histoire de l'Église montre aussi des individus qui, comme Augustin, ont longtemps cherché avant de trouver.

Caractère libre et personnel de l'acte de foi

Si la foi chrétienne est de l'ordre de la réponse, on comprend qu'il importe au plus haut point qu'elle soit libre et personnelle. Libre d'abord. Combien ce mot est redoutable, à la fois pour les personnes et pour les institutions. Pour les personnes, d'abord. L'existence personnelle se déroule au centre d'un tel faisceau d'influences et de déterminismes, conscients et inconscients, qu'il est impossible de parler de liberté de façon absolue. Il faut concéder que la liberté de l'acte de foi est toujours plus ou moins déterminée, tout comme l'est celle avec laquelle on décide de se marier ou pas, d'avoir des enfants ou pas, d'exercer tel métier plutôt que tel autre.

Même lorsque les conditions intérieures et extérieures semblent réunies pour que la personne pose un acte libre, cette liberté effraie parce qu'elle engage et parce que dans son exercice, on touche à la fois à sa richesse et à sa limite d'être. Plus un acte est libre, plus il est grand, mais plus aussi il est angoissant. «La liberté n'est pas une prérogative mais une tâche à accomplir» (Gérard Artaud). Décider ou choisir, c'est s'engager, c'est dire oui à quelque chose ou à quelqu'un, mais aussi dire non à tout le reste. C'est aussi risquer de se tromper.

Troublante et exigeante pour l'individu, la liberté de l'acte de foi est redoutable aussi pour l'institution religieuse. Comme toute institution sociale, l'Église a besoin de se reproduire. Préoccupée de sa survie, elle accorde une attention privilégiée aux enfants de ses membres pour les socialiser et les intégrer à sa vie. Elle cherche aussi inlassablement à recruter de nouveaux adultes et peut même rendre difficile le départ de ceux ou de celles qui remettent en cause leur appartenance. En tant qu'institution, elle doit aussi maintenir sa cohésion et imposer, pour cela, des normes d'appartenance et de conformité. Il serait tout à fait irréaliste de rêver d'une Église qui échapperait à cette nécessité.

L'Église peut donc difficilement se mettre en même temps au service de la liberté de ses membres. C'est là une source de tension dans sa vie, car la révélation qu'elle annonce au monde et que les croyants cherchent à incarner dans leur vie est révélation d'un espace de liberté. C'est ici toute la théologie de saint Paul qu'il faudrait évoquer. Pour Paul, la foi implique une acceptation de l'amour sauveur de Dieu telle que le croyant est libéré de la préoccupation de se conformer aux obligations imposées de l'extérieur par les lois rituelles ou éthiques. Le chrétien apprend à se laisser guider par un dynamisme intérieur que Paul appelle l'Esprit. Le chrétien, la chrétienne adulte vit de plus en plus «selon l'Esprit» (Rm 8, 4). Cette nouveauté radicale a été contestée dès le vivant de Paul et il faut lire sa lettre aux Églises de Galatie pour voir avec quelle fougue il se fait le défenseur de la liberté chrétienne.

Ce que nous venons de dire de la liberté de l'acte de foi ne concerne pas que le premier moment de l'adhésion à la proposition venue de Dieu. C'est la tâche de toute une vie. Au fur et à mesure qu'il devient conscient des influences qui ont plus ou moins déterminé sa décision initiale, le croyant doit réassumer cette décision de l'intérieur de sa nouvelle lucidité. Mais on vit toujours avec sa lucidité du moment.

En parlant de la liberté de l'acte de foi, nous avons nécessairement parlé de son caractère personnel. On ne saurait être chrétien d'abord et surtout parce que sa famille ou son milieu social est chrétien. Jamais le groupe ne peut prendre la place de la personne dans l'acte de foi. Traditionnellement, dans l'Église, la profession de foi se formule à la première personne: «Je crois en Dieu... et en Jésus Christ... et en l'Esprit Saint...» Personne ne peut croire à la place de quelqu'un d'autre. Personne ne peut engager quelqu'un à sa place. Même si la foi chrétienne comporte une dimension communautaire, jamais elle ne peut faire l'économie de la décision personnelle. Et il existe à cela une raison propre à la nature même de la révélation chrétienne.

Cette proposition, dont nous avons dit qu'elle venait de Dieu, est révélation d'un amour et invitation à entrer en relation. Paul dit de façon fort simple ce qu'est pour lui l'existence chrétienne: «Ma vie présente dans la chair, je la vis dans la foi au Fils de Dieu qui m'a aimé et s'est livré pour moi» (Ga 2, 20). Croire, pour les chrétiens, ce n'est pas d'abord accepter une doctrine religieuse, une certaine façon de se représenter Dieu et la relation avec lui. C'est accueillir l'invitation à partager une vie, à entrer dans une relation. Cet amour de Dieu, que la Bible compare à celui d'un père, d'une mère, d'un conjoint ou d'un ami, est certes universel et global au sens où l'humanité tout entière est aimée de Dieu. C'est encore Jean qui écrit que «Dieu a tellement aimé le monde qu'il a donné son propre Fils» (Jn 3, 16). Mais ce n'est pas seulement l'humanité globale ou le monde en général que Dieu aime. C'est chaque personne, avec ce qu'elle a d'unique, qui est aimée de Dieu et invitée à entrer en relation avec lui. Le texte de Paul cité plus haut illustre bien cette expérience: Paul et Jésus ne se sont jamais connus ni rencontrés, et pourtant Paul parle de l'amour du Christ pour lui. Dans sa foi, il est entré dans une relation personnelle avec lui. Or, bien évidemment, personne ne peut vivre une relation à la place d'un autre.

Voilà la raison profonde pour laquelle la foi du chrétien est une expérience très personnelle, vécue, bien sûr, au sein d'une communauté et d'une institution, mais qu'on ne peut, sans dénaturer, réduire à une appartenance conventionnelle ou, pire, à une soumission grégaire. Une foi de plus en plus libre et personnelle

«Quand j'étais jeune, j'avais la foi. Mes parents, mes voisins, tout le monde était catholique. J'allais à l'école catholique. C'était normal de croire. Aujourd'hui, ce n'est plus pareil. Il y en a beaucoup, même dans ma famille, qui ne croient plus à rien, d'autres qui croient mais qui ne vont pas à l'église. D'autres trouvent que l'important, c'est d'avoir une religion, n'importe laquelle puisqu'au fond, le message des différentes religions est le même: aimer son prochain. Moi, je continue de me dire catholique parce que j'ai été élevé dans cette religion-là.»

Voilà un visage possible d'une foi infantile. La personne qui parle ainsi ne s'est pas encore dégagée des influences qui l'ont conduite à la foi. Car c'est bien sûr toujours par des médiations qu'on y accède. On est d'abord provoqué, invité ou séduit, puis initié et éclairé, puis soutenu et stimulé dans sa recherche religieuse par l'intervention plus ou moins influente de personnes et d'institutions. On est toujours plus ou moins disciple. Ces médiations ont pour rôle d'éveiller et de stimuler le cheminement intérieur. Elles font naître la personne croyante à elle-même. Elles révèlent les dynamismes secrets de la croissance spirituelle et elles proposent des voies à emprunter pour grandir.

Il peut arriver cependant que ces influences extérieures soient contraignantes et imposent une vision des choses, une morale et un modèle de vie croyante. Elles peuvent devenir étouffantes et aliénantes en discréditant toute forme de questionnement, toute expression de dissidence aussi bien dans les façons de vivre que de penser.

Pour plusieurs adultes, une des premières démarches vers une authentique croissance spirituelle consiste à rompre courageusement avec un environnement contraignant et même, dans certains cas, à prendre leurs distances face à la religion, comme ils disent. Pour d'autres, le défi consiste à quitter intérieurement la sécurité d'un univers de sens qui vient de l'extérieur, souvent par la médiation de personnes signifiantes (parents, amis, auteurs et maîtres spirituels), pour s'avancer sur des voies qui n'ont pas toujours été balisées. Les modalités varient, mais il est impérieux, pour la maturité dans la foi, de quitter un état de dépendance pour accéder à un état de liberté intérieure.

La maturité dans la foi commence nécessairement par un consentement: consentement à une expérience intérieure, intense ou diffuse, ou consentement à recevoir de l'extérieur une interpellation venant de la façon d'être et de vivre d'une personne ou d'un groupe de personnes. Sans ce consentement initial, on reste dans la conformité et on est, souvent sans le savoir, à la merci des changements extérieurs. C'est ainsi que la sécularisation de la société a entraîné plusieurs personnes dans l'indifférence religieuse sans même qu'elles y réfléchissent.

Le consentement devient tôt ou tard option personnelle et décision. Vient un moment où l'on peut dire, comme les gens d'un village de Samarie: «Ce n'est plus sur tes dires que nous croyons; nous l'avons nous-mêmes entendu et nous savons que c'est vraiment lui le Sauveur du monde» (Jn 4, 42). Cette décision est prise de façon explicite dans le cas d'un adulte qui accède à la foi chrétienne et demande le baptême. Chez ceux qui ont été baptisés dès l'enfance, le mouvement vers la foi personnelle se fait en douce. C'est au moment des passages et transitions de la vie, alors que tout est remis en question et réexaminé, que l'option est examinée pour elle-même, et que l'adulte est conduit vers de nouveaux consentements.

Comme toute décision, l'acte de foi comporte un risque. Dans la foi, on consent à s'avancer dans une direction parce que l'on fait confiance. Mais psychologiquement parlant, on n'a jamais de certitude absolue. Pascal le disait à sa façon: la foi est un pari. Croire, c'est faire un pari sur le sens et sur l'avenir de l'aventure humaine et de son existence propre. C'est faire confiance en la parole de Jésus qui révèle que Dieu enveloppe l'histoire dans une promesse. C'est risquer d'inscrire sa vie dans la logique de cette révélation.

Cela est moins difficile qu'on ne l'imagine parfois. Les adultes ont l'habitude de ce genre de décision qui engage l'avenir. Qu'il s'agisse de consentir à une relation amoureuse, d'acheter une maison en contractant une dette de vingt-cinq ans, de lancer une entreprise, de décider d'avoir des enfants, il faut bien réfléchir, mais l'incertitude concernant l'avenir n'a pas le dernier mot. S'engager dans un projet avec l'intention de réussir, c'est d'ailleurs injecter dans ce projet une énergie qui augmente les chances de succès. Toutes proportions gardées, il en va de même de la décision de foi.

La foi s'intériorise donc lentement dans une option toujours à reprendre et à laquelle on doit souvent donner un nouveau visage. La maturité dans la foi se trouve au terme d'un long processus de libération intérieure. Des médiations restent nécessaires, mais elles doivent toujours être intériorisées et dépassées. La foi adulte est de plus en plus libre et personnelle.

2. Une foi qui donne de plus en plus sens à la vie

La foi comme sens

Venons-en à un deuxième trait de la foi adulte. Par les explications qu'elle propose, par les pistes qu'elle ouvre, par l'espérance qu'elle nourrit et surtout par son usage des grands mythes et symboles de l'humanité, la religion propose un sens à la vie, où la souffrance, l'injustice et la mort sèment tant d'éléments d'incohérence.

Un des tout premiers noms donné aux chrétiens, dès la première moitié du 1er siècle, a été «les adeptes de la Voie» (Ac 9, 2). Présenter la foi chrétienne comme une voie, c'est reconnaître qu'elle imprime une direction à la vie. Nous l'avons déjà dit: ce sens que l'Évangile propose à l'existence humaine comporte des paradoxes et exige des ruptures. Il n'en répond pas moins à la quête de sens de l'être humain. L'Évangile fournit des points de référence, des idéaux, des absolus, des règles de vie. Face à la souffrance, il invite à la solidarité avec ceux et celles qui souffrent et à un consentement à sa propre souffrance. Sans chercher ni à condamner, ni à justifier Dieu, il invite le croyant qui souffre à «garder ses yeux fixés sur Jésus, le chef de la foi, qui, au lieu de la joie qui lui était proposée, endura une croix... et qui est désormais assis à la droite du trône de Dieu» (Hé 12, 2). Face à la mort, il offre l'espérance d'une résurrection et d'une vie éternelle à l'image de celle que Dieu opère dans le Christ: «Dieu qui a ressuscité le Seigneur nous ressuscitera, nous aussi, par sa puissance» (1 Co 6, 14).

Un sens englobant

La foi chrétienne répond donc à l'aspiration humaine profonde d'unification de l'existence. Il y a, dans le projet chrétien, une vision (ou peut-être des visions) de l'aventure humaine qui pousse les croyants à assumer leur vie et à s'impliquer pour infléchir le sens de l'histoire dans la direction d'une plus grande humanisation.

En ce sens, la foi chrétienne, comme la foi juive ou musulmane, est englobante. Écrire par sa vie le cinquième évangile, dans l'ouverture universelle, la relativisation de l'avoir, la solidarité avec les plus faibles, le pardon toujours offert, voilà qui touche à toutes les dimensions de l'existence. Pourtant, ce trait de la foi fait difficulté aujourd'hui.

Jadis, les religions monopolisaient les voies de compréhension de l'univers et de la vie. Même les philosophes et les savants étaient religieux. Depuis deux siècles, la philosophie et les sciences ont acquis leur autonomie et, dans leur sphère respective, répondent aujourd'hui de plus en plus à ce besoin de comprendre. Nous avons maintenant des outils rationnels pour expliquer les phénomènes qui étaient si mystérieux pour nos ancêtres et qu'ils interprétaient religieusement, qu'il s'agisse de la foudre, de l'épilepsie ou des conflits psychiques. Par ailleurs, il y a plus d'indépendance que l'on croit entre la morale et la religion. Ceux qui croient que seule la religion fournit de solides convictions éthiques se trompent. Il convient toutefois d'affirmer du même souffle que les convictions éthiques profondes ont besoin d'un fondement et que ce fondement doit être revêtu d'un caractère absolu. Et il est plus difficile, mais non pas impossible, de parvenir en cette matière à un consensus social fondamental dans une optique séculière que dans un système religieux fondé sur l'absolu de Dieu.

La sécularisation de la pensée humaine constitue un progrès pour l'humanité. Il est meilleur de connaître et de maîtriser les mécanismes de la reproduction humaine que de croire qu'elle dépend de la bienveillance ou du caprice d'une divinité représentée par un taureau. Il est important de savoir que les inégalités sociales ne sont pas inscrites dans la nature des choses comme un ordre imposé par Dieu mais que l'humanité peut modifier les structures socio-politiques et les infléchir vers une plus grande justice.

Parce que le monde d'aujourd'hui ne fait plus appel à Dieu dans sa compréhension de la réalité, les croyants sont soumis à une pression inédite. Ils apparaissent à certains comme des gens qui obéissent à des réflexes dépassés et ils ont peine à rendre compte de leur foi comme élément central de leur système de valeurs et de sens.

Pourtant, ils ne boudent rien des explications rationnelles de la réalité. Mais ils estiment que les sciences ne sont pas outillées pour répondre de façon satisfaisante aux questions éternelles de la vie et de la mort, de l'amour et de la liberté, pour rendre compte de la création artistique, de l'inégalité des chances ou de l'immensité du désir d'absolu inscrit au cœur de l'être. Ils voient dans la foi un facteur d'intégration de toutes les dimensions du réel qui ne se substitue pas pour autant à l'apport de la science et de la technique. Mais surtout, ils sont conscients que la foi n'est pas d'abord de l'ordre des systèmes explicatifs, même si c'est une de ses fonctions. Elle est de l'ordre de la relation vivante, inter-personnelle et, à ce titre, elle les saisit là où aucune autre réalité ne saurait les saisir.

Il ne manque cependant pas de façons de vivre la foi de façon réductrice. Il existe des chrétiens pour qui la foi est une affaire interne entre le croyant et son Dieu. Pour eux, la vie de foi se résume à une façon intérieure de répondre aux grandes questions du sens de l'existence et se manifeste dans les moments de prière personnelle où se vit la relation secrète entre le croyant et Dieu.

Pour d'autres, la foi concerne l'agir. Elle consiste essentiellement en une morale individuelle. Elle prescrit des devoirs de charité, de miséricorde et de pardon envers les autres. Elle impose des obligations de vérité et de justice dans les relations interpersonnelles, aussi bien pour la vie privée que pour la vie sociale et professionnelle. Elle indique une façon bien définie de gérer les grandes énergies psychiques que sont la sexualité et l'agressivité. Mais là s'arrête son utilité.

Il existe donc une réduction «spiritualiste» et une réduction «morale» de la foi chrétienne. La première réduit la foi en ce qu'elle en fait une sorte de philosophie religieuse pour l'individu, alors que l'appel de l'Évangile vise une transformation de la personne dans toutes ses relations: avec elle-même, avec les autres et avec Dieu. La seconde réduit la foi en ce qu'elle en fait un code de conduite personnelle, une aspiration à une vie vertueuse, alors que la proposition évangélique concerne l'humanité tout entière. C'est donc toute l'histoire et toute la culture qui ont quelque chose à voir avec la foi. Il existe une dimension sociale de la foi et c'est au nom de cette dimension que les chrétiens et les chrétiennes interviennent dans des débats politiques, sociaux et économiques.

Si la dimension englobante de la foi répond bien aux attentes de la personne, elle implique par ailleurs un risque, celui de l'intolérance. Quand une seule cohérence apparaît comme vraie et que le garant de cette cohérence est nul autre que Dieu, toute dissidence apparaît sacrilège. La liberté de conscience est alors inconcevable. Le fanatisme et le dogmatisme ne sont pas loin. La période historique de la chrétienté a représenté un effort gigantesque d'édifier toute la société et la culture sur la base de la religion chrétienne. Nul ne contestera les sommets d'humanité ou les chefs-d'œuvre culturels que la chrétienté a légués à l'humanité. Mais dans ce contexte, être juif ou musulman était inacceptable. La liberté de conscience était considérée comme une erreur. Aujourd'hui, certains pays musulmans, comme certains milieux juifs en Israël, sont tentés de se donner une semblable cohérence inspirée par la religion qui mène tout droit au fanatisme.

Les chrétiens ont donc à vivre la tension entre deux tendances: celle de réduire le champ de l'existence chrétienne et celle d'absolutiser les cohérences auxquelles elle peut donner naissance.

Une foi au cœur de l'existence

«L'autre jour, j'ai fait une colère... On montrait aux nouvelles télévisées une manifestation contre le gouvernement. J'ai lu sur une banderole au-dessus de la foule: "GROUPE JUSTICE ET FOI". Moi, je ne comprends pas ça. Au lieu de manifester contre le gouvernement, ces gens-là devraient plutôt se mêler de leurs affaires et rappeler au monde les grandes vérités de la religion qu'on est en train d'oublier. Et ils devraient prier au lieu de manifester.»

* * *

Ces mots dénotent eux aussi une foi immature. Ils ne sont pas dénués de sens, mais ils révèlent qu'on en est encore au point de départ de la foi. Pour un grand nombre, sinon la majorité des adultes, la religion représente un aspect de leur vie, aspect plus ou moins important suivant les circonstances. Elle constitue un secteur de l'existence, un monde qui cœxiste avec d'autres: travail, relations sociales, politique, culture... Une dimension de l'existence à côté de «la vraie vie».

Ces croyants éprouvent une sorte de divorce entre la religion et la vie. Certains gestes, certains rites, certains lieux, certains temps de la vie sont religieux. Le reste ne l'est pas. C'est habituellement lorsqu'ils sont confrontés aux grandes questions de l'existence qu'ils commencent à dépasser ce stade de compartimentage.

* * *

«Je pense souvent à la mort, et ça m'angoisse. Je me demande souvent pourquoi on vit si c'est pour mourir. Qu'est-ce qui est vraiment important? Heureusement, j'ai beaucoup de petites raisons de vivre: ma relation avec Christine, les vacances qui viennent... La religion? Elle a sa place, ça donne de bons principes, comme de respecter les autres. Et puis il faut qu'aux grands moments de la vie, on puisse se rattacher à quelque chose de sacré.»

* * *

Voilà une réflexion qui pourrait conduire son auteur vers un passage. La religion y est toujours considérée comme un secteur particulier et un peu cloisonné de l'existence: «elle a sa place». Mais la question du sens de la vie est devenue explicite. Or, la maturité dans la foi réside en grande partie dans sa capacité de canaliser de façon positive la recherche du sens de l'existence.

Le passage vers la maturité dans la foi a donc pour point de départ une conception de la religion comme un secteur de la vie et franchit une étape dès qu'on commence à mettre l'univers de la foi en relation avec les préoccupations centrales de l'existence humaine. Le chapitre premier a indiqué comment l'adulte se définit souvent par ses rôles et y trouve le lieu habituel de son actualisation. On progresse vers la maturité dans la foi quand on commence à reconnaître quelque chose de sacré dans l'exercice de ces rôles qui peuvent être correctement interprétés comme une vocation, une mission, un mode de collaboration avec Dieu. C'est ainsi que peu à peu, la foi devient principe d'unification et de cohérence. «Nous demandons à Dieu qu'il vous fasse parvenir à la pleine connaissance de sa volonté, en toute sagesse et intelligence spirituelle. Vous pourrez ainsi mener une vie digne du Seigneur et qui lui plaise en tout» (Col 3, 9-10). À l'opposé de cette recherche de cohérence, il y a ce que l'Évangile appelle l'hypocrisie des scribes de tendance pharisienne: «Ils disent et ne font pas» (Mt 23, 3). Chez eux, manifestement, la foi et la vie réelle demeurent deux choses.

Unifier sa vie en fonction de sa foi, être «logique» au moment de faire ses choix, voilà une tâche nécessaire et jamais terminée de la maturation de la foi. C'est l'évangile selon Matthieu qui est le plus explicite sur ce point. «Ce n'est pas en me disant: Seigneur! Seigneur! qu'on entrera dans le Royaume des cieux, mais c'est en faisant la volonté de mon Père qui est dans les cieux» (7, 21). S'il faut en croire Matthieu, le critère déterminant de la foi adulte, pour Jésus, c'est ce qui aura été fait ou non à ceux qui ont faim ou soif, à ceux qui sont nus, malades, prisonniers ou étrangers (25, 34-45). Il ne faut pas s'imaginer qu'on arrive facilement à unifier sa vie autour de la foi qui lui donne sens. L'unification de la vie et de la foi est l'affaire d'une vie.

Une foi qui donne de plus en plus sens à l'existence

Ce processus suit de près celui de l'intégration de toute valeur ou attitude fondamentale. D.R. Krathwohl a montré que c'est un processus en 5 étapes[6]. Pour faciliter la compré-

---

[6] D.R. Krathwohl, B.S. Bloom et B.B. Masia, *Taxonomie des objectifs pédagogiques, t. II Domaine affectif*, Montréal, Presses de l'Université du Québec, 1976.

hension de ce modèle forcément schématique, nous prendrons l'exemple de l'attitude «tolérance».

La première étape est celle de la réception. Souvent parce qu'on est plongé par la vie dans un événement qui bouscule, on prend conscience de l'existence d'une valeur, on s'y sensibilise, puis on accepte d'en entendre parler ou de s'exposer aux événements qui la révèlent. Par exemple, on acceptera de lire un article ou de regarder une émission de télévision relatant des situations d'intolérance et proposant la tolérance comme voie positive à explorer. Cela n'est évidemment pas parce qu'on en a entendu parler qu'on est devenu plus tolérant! Il y a des éducateurs, entre autres dans le domaine religieux, qui s'imaginent qu'il suffit de parler d'une valeur ou d'une attitude pour entraîner l'adhésion. Ils ne sont pas conscients de brûler les étapes. En rester à cette première étape, c'est plutôt favoriser l'embrigadement forcé, c'est risquer de faire de l'endoctrinement.

Une deuxième étape est essentielle: celle de la réponse. À cette étape, on n'est plus passif, mais actif. On consent à se laisser interroger, on reconnaît qu'il y a là quelque chose d'intéressant qui vaut d'être considéré et discuté et on arrive même à prendre plaisir à s'intéresser à cette valeur. Pour reprendre notre exemple, la tolérance devient objet de réflexion, de discussion, de débat.

Le troisième temps est celui de la valorisation. La valeur est maintenant acceptée comme digne d'être intégrée à sa vie. On est prêt à la préférer à d'autres attitudes et on se surprend à s'en faire le défenseur parfois emporté dans un débat. Ainsi on participera à une manifestation contre le racisme ou on prendra position à l'occasion d'un conflit.

Le quatrième temps est celui de l'organisation. La valeur ou l'attitude prend place de façon solide et bien articulée dans notre système de valeurs. On est capable d'en analyser les dimensions et d'en démontrer la pertinence de façon objective, mais aussi dans la cohérence de sa propre vie. Par exemple, on voit et on sent comment la tolérance se relie à d'autres attitudes fondamentales comme l'accueil et le respect de la liberté de conscience, ou comme la richesse du pluralisme dans une société.

Le dernier temps de ce cheminement est celui de la caractérisation. La tolérance, pour continuer notre exemple, est devenue une disposition générale et permanente. Les autres peuvent prédire quelle sera notre réaction si nous sommes placés en situation de conflit. On en vient à être tellement identifié à cette attitude ou à cette valeur qu'évoquer la personne, c'est évoquer la valeur. C'est ainsi qu'il suffit de mentionner le nom de Gandhi pour qu'on y associe la non-violence, ou celui de Mère Teresa pour qu'on y associe la compassion.

La maturité dans la foi ne se mesure pas à la perfection morale, mais à la ténacité à unifier sa vie à la lumière de ses convictions. La foi adulte donne de plus en plus sens à l'existence. C'est un long cheminement vers une maturité rarement atteinte. Mais il est tonifiant de savoir qu'on peut vivre sa vie en étant toujours poussé, de l'intérieur, vers l'avant.

3. Une foi de plus en plus éclairée

La foi comme connaissance

Venons-en à un troisième trait de la maturité dans la foi qui prolonge les grandes aspirations humaines. Une multitude d'êtres humains font, au cours de leur vie, des expériences de transcendance. Elles peuvent les surprendre, parfois aussi ils y accèdent grâce à une recherche intentionnelle menée sur les chemins de l'intériorité à l'aide de différentes techniques. Ces expériences surviennent aussi dans la vie des chrétiens. Car en tant que réponse libre et personnelle, en tant que dynamisme d'intégration de l'univers intérieur propre à chacun, la foi chrétienne plonge ses racines dans les zones les plus profondes de l'être. Aussi est-il difficile de la dire et d'en rendre compte. Comme toute expérience intime, elle comporte quelque chose d'incommunicable et les mots pour la dire apparaissent toujours limités ou inadéquats.

L'expérience religieuse n'est pourtant pas absolument indicible. En fait, elle est de l'ordre d'un véritable savoir. Dans la Bible, le mot «connaître» désigne d'abord la connaissance qui s'acquiert par le contact familier et par la fréquentation d'une personne ou d'une réalité. Parce qu'elle est beaucoup plus d'ordre intuitif que réfléchi, cette connaissance est beaucoup plus riche et plus certaine aussi que la connaissance intellectuelle.

Il y a des hommes et des femmes peu instruits, peu portés aux discours ou à la lecture, et qui ont sur les réalités essentielles de la foi des certitudes et une rectitude supérieures à celles de certains théologiens. Ces personnes savent par expérience la primauté de la charité, la bonté universelle de Dieu, la richesse des symboles liturgiques. Elles ont une assurance tranquille face à la mort et se savent libres face à certaines exigences tatillonnes des institutions religieuses. Elles auraient sans doute beaucoup de peine à articuler tout cela dans un discours, à justifier leurs certitudes avec des arguments bibliques ou théologiques. Voilà bien la connaissance qui importe. «Quand je connaîtrais tous les mystères et toute la science, si je n'ai pas la charité, je ne suis rien» (1 Co 13, 2). Cela ne saurait être ici contesté.

En même temps, il faut concéder que la foi chrétienne ne commence pas avec la foi de chacun. C'est plutôt la foi de chacun qui s'inscrit dans une continuité. Au cours des vingt siècles de leur histoire, les chrétiens ont prié, cherché, vécu, douté. Ils ont interprété leur expérience, ils l'ont dite et transmise. Ils l'ont fait dans un incessant dialogue avec le tout premier témoignage sur Jésus Christ qui est consigné dans le Nouveau Testament. C'est ainsi que s'est élaboré, au fil des siècles, un «discours» chrétien, une doctrine, un corps de croyances avec des formulations communes universellement acceptées comme traduisant bien ce qu'il y a d'universel et d'authentique dans l'expérience que chacun peut faire de Dieu.

Les mots de la foi, le message chrétien, l'enseignement de l'Église constituent à la fois une invitation à l'expérience religieuse et une clé de lecture de cette expérience. La maturité dans la foi chrétienne ne saurait être étrangère à la façon dont une personne réussit à s'inscrire dans le cadre plus vaste de cette tradition.

Une foi de plus en plus éclairée

«Euh... pourquoi nous voulons faire baptiser notre enfant? Eh bien, euh... Parce que... parce que c'est important d'être baptisé. Qu'est-ce qui va arriver à ce petit enfant-là s'il n'est pas baptisé? On ne veut pas prendre de chances, hein? Et puis... ça s'est toujours fait dans notre famille... Je ne sais pas, moi, on ne peut pas tout savoir. Vous savez, on n'entend pas souvent parler de ces choses-là. Et puis qu'est-ce qui est le plus important: que je sache ce qu'est le baptême, ou que le bébé soit baptisé?»

Éducateurs et catéchètes déplorent souvent l'ignorance d'un grand nombre d'adultes par rapport aux mystères de la foi. Les lignes qui précèdent en sont un exemple parmi tant d'autres. Il se cache, sous ce regret, une conviction implicite que cette situation d'ignorance est anormale et dénote une absence de maturité dans la foi. La chose n'est pas nouvelle. Écrivant aux Corinthiens, Paul écrit: «Il en est parmi vous qui ignorent tout de Dieu. Je le dis à votre honte» (1 Co 15, 34).

Pour reprendre la célèbre parole de la première lettre de Pierre, les croyants ne devraient-ils pas être toujours «prêts à rendre compte de leur espérance» (1 P 2, 15)? La tradition juive va dans le même sens: «Sois vigilant pour étudier l'Écriture et sache que répondre aux mécréants» (Mishna, Abôt, II, 14).

Voilà pourquoi les Églises mettent sur pied de nombreux services de formation et d'éducation et publient de multiples revues et ouvrages de vulgarisation théologique. Dans l'Église de Dieu, la connaissance ne saurait être réservée à une élite. La vérité n'est ni l'apanage des autorités ecclésiastiques, ni celui des théologiens et autres spécialistes de la foi. L'effort pour ouvrir l'accès direct aux sources de la foi, en particulier à la Bible, et pour rendre accessibles et compréhensibles les formulations de la foi est une exigence centrale de la vie ecclésiale. Tout responsable d'Église qui refuse à un adulte ou à un enfant l'accès aux sources du savoir trahit la vérité de la condition chrétienne. Il n'est malheureusement pas rare d'entendre encore certaines personnes âgées ou même certains adultes rappeler avec souffrance s'être fait dire par un responsable de communauté à qui ils soumettaient une question qui les habitait: «Il faut croire sans se poser de question.» On a vu et on voit encore certains milieux ou certains mouvements décourager leurs membres de l'étude théologique ou biblique. Ces attitudes ne font que retarder la maturation de la foi, quand elles ne sont pas l'occasion d'un lent abandon d'une Église qui semble avoir peur de la vérité.

Nous estimons qu'un trait d'une plus grande maturité dans la foi est la capacité de dire correctement sa foi en la mettant en relation avec l'expérience des autres et, en particulier, en reprenant les mots de la tradition. Il existe une profession de foi qui formule ce qui est commun à tous les disciples du Christ. Il existe des formulations héritées des chrétiens et des chrétiennes qui nous ont précédés, dans lesquelles ils ont coulé leur propre expérience de l'action de

Dieu dans le monde. Tous les croyants les connaissent et les redisent. Mais tous ne comprennent pas ce qu'ils professent. Pourtant, en devenant croyant et en avançant vers la maturité dans la foi, le chrétien ne renonce pas à son intelligence, à son besoin de comprendre et de s'approprier la réalité. Il est important pour chacun de savoir distinguer l'essentiel de l'accessoire, voire la vérité de la superstition. La maturité du croyant implique une expression de la foi qui confond de moins en moins les choses et qui est de plus en plus différenciée. C'est en ce sens que la foi adulte est de plus en plus éclairée.

Voilà donc trois traits de la maturité dans la foi qui s'inscrivent dans la continuité de la nature et des aspirations humaines. La foi n'est ni oppression, ni absurdité, ni obscurantisme. Elle est plutôt bonne nouvelle pour la liberté, sagesse pour l'unification de la vie et lumière pour l'intelligence. Le prochain chapitre permettra de voir d'autres traits de la maturité croyante qui, eux, se situent davantage sur le registre de la rupture que de la continuité.

CHAPITRE 6

Maturité dans la foi et dépassement de l'humain

Le choc évangélique

Le Dieu des chrétiens n'est pas jaloux du bonheur humain. Ce n'est pas sans raison que dans sa synthèse théologique, Thomas d'Aquin fait commencer sa réflexion sur l'agir humain par une réflexion sur le bonheur. La foi chrétienne est bonne nouvelle pour tout être humain. Elle le provoque à assumer librement la totalité de son existence. Elle est englobante au point de proposer un sens ultime à l'existence personnelle et à l'existence du monde et de l'histoire. Elle ne se refuse pas non plus aux requêtes de l'intelligence et ne craint pas l'examen critique de la pensée.

Des pages entières des évangiles heurtent pourtant ce qu'on pourrait appeler le bon sens le plus élémentaire. «Si quelqu'un veut venir à ma suite, qu'il se renie lui-même, qu'il se charge de sa croix et qu'il me suive. Qui veut en effet sauver sa vie la perdra, mais celui qui perd sa vie à cause de moi et de l'Évangile la sauvera» (Mc 8, 34-35). «Moi je vous dis de ne pas tenir tête au méchant: au contraire, quelqu'un te donne-t-il un soufflet sur la joue droite, tends-lui encore l'autre; veut-il te faire un procès et prendre ta tunique, laisse-lui même ton manteau» (Mt 5, 39-40). «Moi je vous dis: Aimez vos ennemis, priez pour vos persécuteurs» (Mt 5, 44). «Vous ne pouvez servir Dieu et l'argent» (Mt 6, 24). «Ne vous inquiétez pas en disant: qu'allons-nous manger? qu'allons-nous boire? De quoi nous allons-nous vêtir? Ce sont là toutes choses dont les païens sont en quête. Or votre Père céleste sait que vous avez besoin de tout cela. Cherchez d'abord le Royaume et sa justice, et tout cela vous sera donné par surcroît» (Mt 6, 31-33).

On n'entre donc pas dans la foi chrétienne sans se soumettre à l'épreuve du paradoxe. Autant certains sont immédiatement touchés par les promesses de l'Évangile, autant d'autres sont d'emblée contrariés par les affirmations de la foi. Ces derniers sont plus sensibles à la parole d'Isaïe que Paul appliquait déjà à ses contemporains: «Je détruirai la sagesse des sages, j'anéantirai l'intelligence des intelligents. Où est-il, le sage? Où est-il, l'homme cultivé?» (Is 29, 14; 1 Co 1, 19-20). On pense encore à la réaction de Jésus: «Je te bénis, Père, Seigneur du ciel et de la terre, d'avoir caché cela aux sages et aux habiles et de l'avoir révélé aux tout-petits» (Lc 10, 21).

La condition chrétienne est une condition paradoxale. On y est invité à devenir soi-même, mais c'est au prix de changer. On y accueille la promesse d'une vie, mais c'est à la condition de passer par une mort. On est appelé à se donner, mais seuls le peuvent vraiment ceux qui apprennent à se recevoir. On n'accède pas à la maturité dans la foi sans développer des traits qui sont de l'ordre de la rupture, de la désorientation, du décentrement de soi.

Et cela est sain pour la croissance de l'être humain. Certains mouvements religieux ou spirituels ne promeuvent que les traits de maturité énoncés au chapitre précédent. Sans s'en rendre compte, ils jouent le jeu de la régression fusionnelle en cultivant une rencontre harmonieuse entre le désir humain et le désir de Dieu. Ils cultivent la nostalgie du retour vers le sein maternel et entravent ainsi la croissance qu'ils promettent de réaliser.

L'existence chrétienne est bien en marche vers l'unification de l'être. Mais elle ne la cherche pas par en arrière, dans la direction d'une stérile et impossible fusion. «Il ne s'agit plus de fusion, mais de relations inter-personnelles, de relations réciproques, de rencontre de deux libertés[1]». D'où l'importance de ce chapitre qui, greffé sur le précédent, montre comment l'existence chrétienne s'inscrit dans une tension bénéfique entre accomplissement et dépassement de l'humain.

1. Une foi qui s'en remet de plus en plus à Dieu

La confiance

Il est naturel à l'être humain d'être confiant. Mais il lui est tout aussi nécessaire d'être méfiant. La confiance aveugle est naïveté, imprudence et crédulité. La méfiance continuelle isole, enferme et paralyse.

L'attitude fondamentale de confiance ou de méfiance se développe dès les premières semaines et les premiers mois de la vie. Selon que l'environnement répond ou non aux besoins essentiels de manger, de boire, d'être au sec et au chaud, le monde et la vie seront perçus comme bienveillants ou hostiles. D'autres événements viendront renforcer ces traits ou les modifier, parfois profondément. Combien de femmes demeurent méfiantes, voire hostiles envers les hommes pour avoir

---

[1] J.-F.Catalan, article «Psychisme et vie spirituelle», *Dictionnaire de spiritualité*, tome XII, col. 2588.

été manipulées et trompées par quelque séducteur ou, pire, avoir été agressées et violentées. Combien d'hommes sont incapables de s'abandonner avec confiance à une femme pour avoir été élevés par une mère possessive et dominatrice.

Qui ne comprend que l'existence humaine ne s'épanouit que par les chemins de la confiance? Il n'y a pas d'amour ou d'amitié possible sans la confiance en l'autre. Pas de vie familiale non plus. Pas de croissance psychologique de l'enfant sans un minimum de confiance en ses parents. La vie en société elle-même, qu'il s'agisse de la politique ou des affaires, repose sur la confiance en la compétence des dirigeants et le respect de la signature ou de la parole donnée.

La foi confiance

Démuni et fragile, le tout petit enfant dépend de l'adulte pour sa sécurité et sa survie. L'adulte, lui, ne peut plus compter que sur lui-même et sur le réseau de ceux qui lui sont proches pour se tirer d'affaire dans les moments difficiles. Placé dans des situations d'une difficulté extrême, comme la menace de la mort ou de l'abandon par un être particulièrement signifiant, l'être humain retrouve des réflexes archaïques et irrationnels, inscrits dans sa lointaine enfance, qui le poussent à se tourner vers un être fort et puissant qui puisse le protéger ou le tirer d'embarras.

Le sentiment religieux tire en grande partie son origine de l'insécurité et de la peur. Et il a tendance à s'en nourrir. Sur le seuil d'épreuves qui apparaissent insurmontables ou du fond de situations particulièrement angoissantes, l'être humain s'adresse à Dieu comme à une force plus ou moins personnelle. Dans un grand cri intérieur, d'un mouvement instinctif, primitif, il le prie, l'amène à s'apitoyer sur son sort, lui demande pardon de l'avoir négligé, lui promet d'amender sa vie, le supplie et l'implore, toujours dans la confiance de se concilier ses faveurs.

On doit comprendre et surtout veiller à ne pas condamner tant de personnes qui vivent leur foi sous ce mode. Face aux grands brûlés de la souffrance humaine, on ne fait pas de discours théologique ou médical. Mais il faut être clair, aussi. Ce type de relation et de confiance en Dieu s'appelle se servir de Dieu. C'est une relation donnant-donnant. Ma prière, ma bonne conduite, mes promesses, mes repentirs, mes renoncements, en échange de ton pardon, de ta consolation, de l'apaisement de ma culpabilité ou de mon angoisse, de la vie. En rester là, c'est réduire la religion à une recherche de sécurité ou de calme psychologique. Elle devient fuite devant la réalité inexplicable du mal, démission devant sa responsabilité et illusion aliénante que les solutions peuvent venir magiquement d'ailleurs. Le Dieu de cette religion est une idole, c'est-à-dire un Dieu de l'utile, que l'on se fabrique à la mesure de ses besoins et de ses désirs.

Autre est la confiance chrétienne. Pour les chrétiens, Dieu s'est fait connaître comme radicalement bienveillant pour l'humanité. Comme puissance de vie et non comme puissance de mort. Loin d'être jaloux de la liberté et de l'autonomie de l'être humain, Dieu la désire et la favorise. Il appelle à la liberté et promet la vie en offrant une voie pour surmonter les obstacles que la tradition biblique appelle le péché et la mort. La foi est un acte de confiance en ce Dieu, une certitude profonde mais souvent fragile, que «avec ceux qui l'aiment, Dieu collabore en tout pour leur bien». D'où le cri de Paul que les croyants reprennent depuis dix-neuf siècles: «Si Dieu est pour nous, qui sera contre nous? (...) Qui nous séparera de l'amour du Christ? L'épreuve, l'angoisse, la persécution, la faim, la nudité, les périls, les armes? (...) J'en ai l'assurance: ni mort, ni vie (...) ni aucune créature ne pourra nous séparer de l'amour de Dieu manifesté dans le Christ Jésus notre Seigneur» (Rm 8, 28. 31-38).

La foi chrétienne ne se nourrit pas de l'impuissance humaine à faire face à l'expérience de la finitude, même si elle ne lui est pas étrangère. Elle s'appuie sur Dieu qui a pris et prend toujours l'initiative de se révéler et de se proposer comme espérance à l'horizon, de l'histoire et de la vie personnelle.

Un abandon de plus en plus complet à Dieu

«La foi, pour moi, c'est une grande source de consolation et de paix. J'aime savoir que je puis toujours me confier à Dieu, qu'il m'écoute et me comprend. Quand je me sens angoissée, je pense à lui et ça me fait du bien. Il y a des moments plus durs, plus sombres. Quand, par exemple, mes prières ne sont pas exaucées. Dans ces moments-là, je suis tentée de me révolter contre Dieu. C'est à ces moments où j'ai l'impression que Dieu ne m'écoute plus, que j'ai mes plus gros doutes.»

Le sentiment religieux ne peut probablement pas éviter de s'inaugurer sous le mode qui s'exprime en ces lignes. Mais un chrétien qui s'y installerait demeurerait en-deçà de la maturité dans la foi. On grandit vers la maturité croyante quand on relève le défi de respecter Dieu pour ce qu'il est, de renoncer à l'annexer à ses désirs, même les plus légitimes. Vergote qualifie cette façon plus adulte de croire de foi «dogmatique» parce qu'elle se porte vers Dieu tel qu'il s'est dit lui-même dans sa Parole et qu'elle cherche, au-delà des mots, des images et de l'utilité, à l'atteindre tel qu'il est en lui-même.

Gordon Allport, à qui nous empruntons l'essentiel de notre démarche sur ce thème de la maturité, affirme que ce trait est probablement le plus décisif pour décrire la maturité du sentiment religieux. C'est probablement là aussi le lieu le plus radical de la conversion chrétienne radicale: passer de se servir de Dieu à servir Dieu. À partir de ce passage, la relation à Dieu ne peut plus avoir les traits d'une relation avec une Toute-puissance anonyme: elle s'inscrit dans le cadre d'une relation inter-personnelle et devient, comme on l'a vu ailleurs, réponse à un appel personnel. Dieu devient définitivement quelqu'un qui appelle, qui promet, qui soutient.

N'est-ce pas là ce qui est véritablement indiqué dans le récit de la tentation de Jésus au désert, comme une espèce de prologue à la catéchèse que l'évangéliste veut proposer à ses lecteurs? Au seuil de son existence prophétique, Jésus refuse de mettre à son service la puissance de Celui qui pourrait le libérer de la faim en changeant les pierres en pains ou le protéger d'une chute mortelle si Jésus décidait d'impressionner le peuple par des prodiges. Et à l'autre bout de sa vie, sur la croix, Jésus refusera encore de céder à la même tentation: «Il en a sauvé d'autres et il ne peut se sauver lui-même! Il est "roi d'Israël": qu'il descende maintenant de la croix et nous croirons en lui! Il a compté sur Dieu: que Dieu le délivre maintenant, s'il s'intéresse à lui» (Mt 27, 42-43). «Il a compté sur Dieu»: voilà la foi confiante, qui ne se sert pas de Dieu mais qui, nue, le sert jusqu'au bout.

C'est cela que Jésus inscrit, au seuil et au fondement de la prière chrétienne, comme reconversion du désir humain: «Que TON nom soit sanctifié, que TON règne vienne, que TA volonté soit faite.» «Que ta volonté soit faite» n'est pas du tout une prière de résignation face à l'inévitable. Ce n'est pas non plus un chèque en blanc qui n'ouvre que sur des épreuves et des malheurs imminents. C'est une prière de désir pour que s'accomplisse le projet divin de libération de l'humanité «de toute mort, de tout pleur, cri ou peine» (Ap 21, 4). Car le projet de Dieu, c'est de «faire l'univers nouveau» (Ap 21, 5).

Voilà comment la foi adulte est de plus en plus abandon confiant à Dieu.

2. Une foi qui permet d'avancer dans l'obscurité

La marche dans la nuit

«Pour eux les miroirs, c'est le plus souvent sans même se voir qu'ils passent devant. Ils n'ont pas le sens de ce qu'est leur vie: c'est une innocence que je leur envie» (Aragon).

Comme en témoigne le poète, il y a des gens pour qui les questions les plus profondes de l'existence sont relativement simples. Ce qu'il y a de beauté, d'ordre et d'harmonie dans l'univers les rassure et constitue le fondement profond de la légèreté avec laquelle ils traversent la vie.

Beaucoup d'autres cependant ont une conscience aiguë de la fragilité de la vie et des contradictions de l'existence. Ceux-là sont tourmentés, tenaillés par le doute et l'angoisse. Les réponses simples, qu'ils jugent trop faciles, ne les satisfont pas. Ils peuvent avoir des certitudes profondes, mais l'ensemble de la réalité demeure pour eux opaque.

Ces derniers sont probablement plus nombreux aujourd'hui qu'hier. La concurrence des nombreux systèmes philosophiques, la multiplication des menaces à la survie même de l'humanité, l'abondance des informations qui font connaître des aberrations et des déviances, dont autrefois on n'entendait pas parler à plus de dix kilomètres de l'endroit où elles se produisaient, finissent par généraliser des sentiments d'incohérence, de perplexité et de cynisme. Pour un nombre croissant de personnes, la vie est une énigme.

La foi, lumière obscure

«Une lampe sur mes pas, ta parole, une lumière sur ma route» (Ps 119, 105). «Je suis la lumière du monde: qui me suit ne marchera pas dans les ténèbres, mais aura la lumière de la vie» (Jn 8, 12). Comme beaucoup d'autres traditions religieuses, la foi chrétienne a abondamment utilisé le symbolisme de la lumière pour se proposer et s'exprimer. Le thème de l'illumination est un thème majeur des catéchèses baptismales des premiers siècles et il demeure pour plusieurs de nos contemporains une voie privilégiée pour traduire l'expérience indicible d'accéder à la foi ou de renouer avec elle.

La foi est porteuse de sens, avons-nous vu au chapitre précédent. Elle est bonne nouvelle pour l'être humain dans sa recherche tâtonnante. Elle se présente non seulement comme lumière, mais comme lumière absolument fiable. Parce que la foi est accueil d'une proposition et d'une promesse de Dieu qui vient à la rencontre des aspirations du cœur humain, elle a pour les croyants le visage de la vérité et elle s'accompagne d'une certitude profonde.

Et pourtant... cette lumière est obscure. «La foi, écrit Jean de la Croix, est une habitude obscure et nue»[2]. L'éprouver ainsi n'est pas un signe d'appauvrissement de la foi, comme plusieurs sont portés à le penser quand ce sentiment d'obscurité les atteint. Au contraire, ils commencent à entrer sérieusement dans l'authentique expérience de croire.

Il est normal que la personne qui accède à la foi de façon personnelle éprouve une grande satisfaction intérieure. Une joie, dit l'Évangile. Chez certains, cette joie confine à l'exaltation: ils se sentent tout à fait illuminés, ils vivent dans une grande euphorie. Ils ont trouvé le trésor caché, la perle rare (Mt 13, 44-46). Ils deviennent zélés, ne peuvent s'empêcher de partager aux autres leur expérience. «Il vient trouver son frère Simon: "Nous avons trouvé le Messie!" (...) Philippe rencontre Nathanaël et lui dit: "Celui dont il est parlé dans la Loi de Moïse et dans les prophètes, nous l'avons trouvé!"» (Jn 1, 41. 45). «La femme, laissant là sa cruche, courut à la ville et dit aux gens: "Venez voir un homme qui m'a dit tout ce que j'ai fait. Ne serait-ce pas le Christ?"» (Jn 4, 28-29).

---

[2] *Montée du Carmel*, 1.3, chap. 32.

Puis vient l'épreuve. L'épreuve de la durée, d'abord. Avec le temps, l'enthousiasme s'estompe. Le quotidien impose sa loi. Ce qui était nouveau devient familier. L'épreuve que la durée impose à l'amour du couple, elle l'impose aussi à la foi. Il n'est pas facile d'intégrer l'extraordinaire à l'ordinaire. Il y a aussi l'épreuve de l'indifférence ou de l'incompréhension de l'entourage. Bien des croyants sont vus comme exaltés, décrochés du réel, partis dans un «trip» de mysticisme, plus catholiques que le pape... À moins que, sans bruit, le vide se soit fait lentement autour d'eux.

Il y a aussi la nécessaire épreuve de la vérification. Devant l'expérience intérieure, l'intelligence cherche à comprendre. Elle se méfie de l'illusion. Elle tente aussi de faire des liens avec les autres dimensions de l'existence, en particulier avec la conscience de l'obscurité du monde. Et alors plus rien ne va de soi. La foi ne s'impose pas comme «LA» réponse. On peut citer Pascal: «Voilà ce que je vois et qui me trouble. Je regarde de toutes parts, et je ne vois partout qu'obscurité. La nature ne m'offre rien qui ne soit matière de doute ou d'inquiétude. Si je n'y voyais rien qui marquât une Divinité, je me déterminerais par la négative; si j'y voyais partout la marque d'un Créateur, je reposerais en paix dans la foi. Mais voyant trop pour nier et trop peu pour m'assurer, je suis dans un état à plaindre.»[3]

Il y a l'épreuve de l'incertitude. Sans doute l'expérience spirituelle authentique imprime-t-elle dans l'être une certitude première, indépendante du raisonnement. Et pourtant, parce que l'expérience de foi se joue dans les zones les plus profondes de l'être et a trait aux questions les plus fondamentales, elle participe à ces vérités qui sont portées de façon plus fragiles parce qu'elles sont

---

[3] *Pensées* n° 229, Éditions Garnier Frères, Paris, 1961.

plus profondes. C'est Hans Küng qui note que «la "profondeur" (ou la "grandeur") d'une vérité et l'assurance de qui opte pour cette vérité sont en proportion inverse: plus la vérité est banale ("vérité de La Palice", "platitude"), plus l'assurance est forte. Plus importante est la vérité (...), moindre est l'assurance. Car plus la vérité est "profonde" pour moi et plus il me faut m'ouvrir d'abord à elle, m'y préparer intérieurement, m'y disposer par l'intelligence, la volonté et le cœur, pour parvenir à cette "certitude" authentique qui est autre chose qu'une "sécurité" garantie. Une vérité *profonde*, apparemment incertaine, que le doute menace et qui suppose de ma part un engagement sérieux peut avoir une valeur de connaissance beaucoup plus ample qu'une vérité *banale* garantie ou même "absolument" garantie.»[4]

Il y a enfin l'épreuve de la nuit, liée à la nature de la foi elle-même qui est d'être une non-évidence. Car devant l'évidence, il n'y a pas de foi. La foi, dit l'auteur de la lettre aux Hébreux, est «la garantie des biens que l'on espère, l'assurance des réalités qu'on ne voit pas» (11, 1). Comme expérience humaine, la foi est une façon d'être en contact avec des réalités qui échappent à notre expérience immédiate habituelle. Nous ne les atteignons normalement que par la médiation de symboles, avec toute la richesse de leur ambiguïté, ou par le témoignage de quelqu'un qui a déjà fait cette expérience. Pour les chrétiens, ce quelqu'un est éminemment Jésus, mais c'est aussi l'Église, c'est-à-dire ces millions de croyantes et de croyants qui, au fil des siècles, ont vu leur vie transformée et ont transformé la vie autour d'eux. Mais les symboles et les médiations ont également leur opacité et sont parfois même expérimentés comme des écrans. Aussi la foi ne saurait être aisée.

---

[4] *Être chrétien*, Paris, Seuil, 1978, p. 72

Une foi qui tient bon dans l'épreuve

«J'ai connu des moments difficiles où j'ai eu l'impression que ma vie entrait dans une phase de chaos. Tout s'est embrouillé. C'est là, je pense, que j'ai cessé de croire ou en tout cas que j'ai mis en suspens toute la question de la foi. Où était Dieu dans ces moments-là? Je ne voyais plus rien. On dirait maintenant que je doute de tout. Dieu existe-t-il vraiment? Comment être sûre que mon expérience de foi n'était pas qu'illusion? »

S'il est un trait auquel il est facile de reconnaître une foi immature, c'est bien la pusillanimité et la fragilité dans l'épreuve. Déjà, dans l'interprétation qu'ils nous proposent de la parabole du semeur, les premiers chrétiens en témoignent. «Ceux qui reçoivent la semence sur les endroits pierreux, sont ceux qui, lorsqu'ils entendent la parole, l'accueillent aussitôt avec joie, mais ils n'ont pas de racine en eux-mêmes et sont les hommes d'un moment; que vienne ensuite une difficulté ou une persécution à cause de la parole, aussitôt ils succombent» (Mc 4, 16-17).

Il y a l'épreuve de la vie. Il arrive à tous d'être plongés dans des expériences bouleversantes qui semblent contredire la foi. Cela prend souvent le visage de la prière qui reste sans réponse, qui expose au scandale biblique du silence et de l'absence d'un Dieu inatteignable, mystérieux, que l'on trouve à certains jours plus absent que présent, qui semble s'éloigner quand on s'approche et se taire quand on l'appelle. La question et le doute viennent régulièrement assaillir le croyant authentique parce qu'il rencontre un Autre qui se tient devant lui avec toute la résistance d'une totale liberté[5].

[5] Cette épreuve est bien mise en lumière par Jean-François Six dans son ouvrage *La foi et l'incroyance ne sont pas ce qu'on croit*, Paris, Centurion, 1979, spécialement dans la section intitulée «Les partisans de la nuit».

L'épreuve de la fragilité des médiations

Nous allons nous attarder à l'épreuve de la vulnérabilité des médiations. Nécessaires, elles constituent pour beaucoup d'adultes un élément fragile dans leur expérience de croire. Nous aborderons successivement la personne de Jésus, la parole biblique, l'Église, les parents et les éducateurs.

La connaissance que les chrétiens ont de Dieu est médiatisée par la parole des prophètes et éminemment par la façon de vivre et par l'enseignement de Jésus. L'histoire montre à l'évidence que pas plus Jésus que les prophètes avant lui n'ont entraîné l'adhésion des foules et qu'il y en eut plus pour refuser de croire qu'il y en eut à leur faire confiance. Or nous ne sommes même pas contemporains des prophètes et de Jésus. Les questions de leurs contemporains sont aussi les nôtres: d'où vient-il? D'où tire-t-il son autorité? Comment distinguer le saint de l'imposteur?

Certains répondent avec le concile Vatican II: le témoignage sur Jésus nous vient des évangiles qui offrent de lui «un témoignage permanent et divin». La Bible qui est la parole de Dieu «enseigne fermement, fidèlement et sans erreur la vérité que Dieu pour notre salut a voulu voir consignée dans les Lettres sacrées»[6]. Il y a donc une médiation écrite, celle de la Bible. Aucun document écrit n'a jamais exercé une telle influence sur la civilisation. Encore aujourd'hui, la Bible jouit d'un immense préjugé favorable. On y reconnaît une source vénérable de sagesse et de vérité sur Dieu, sur l'humanité, sur la vie. Mais de quelle nature est la vérité biblique? La Bible ne reflète-t-elle pas une vision archaïque du monde, avec les valeurs mais aussi les préjugés d'une société patriarcale et pré-scientifique? Comment départager ce qui a valeur permanente et ce qui tient à un revêtement culturel et à des formes de langage devenus incompréhensibles?

---

[6] *Dei Verbum*, n° 11 et 17.

Il y a aussi la médiation de l'Église, qui se présente, entre autres, comme l'interprète authentique de la Bible. L'Église est porteuse d'une richesse extraordinaire qui lui vient des innombrables façons dont au cours des siècles, des hommes et des femmes ont donné un visage concret à l'Évangile, à travers tant de cultures et de situations historiques changeantes. Mais en même temps, l'Église a contredit l'Évangile dans ses croisades et son Inquisition, dans sa participation à la destruction des cultures précolombiennes, dans son refus de la liberté religieuse, qui est l'un des acquis les plus chers à la conscience moderne, dans sa condamnation de Galilée où se révélait son incompréhension face à l'autonomie de la démarche rationnelle et scientifique, laquelle est aussi l'une des revendications majeures de la modernité. Encore aujourd'hui, le centre administratif de l'Église donne une image de grande richesse et impose son autorité en réduisant ses opposants au silence, ce qui apparaît à plus d'un contredire l'esprit et la lettre de l'Évangile. Ces pierres d'achoppement sont connues. Il en est d'autres, souvent propres à la conscience de chacun, qui posent toutes la même question au croyant: jusqu'où peut-on se fier aux enseignements de l'Église? Comment distinguer ce qui a valeur durable et ce qui n'a de pertinence que dans tel contexte polémique ou politique? Comment savoir quand l'Église défend la vérité et quand elle ne défend que son propre pouvoir sur la vérité?

La vulnérabilité de la foi tient aussi à ces importantes médiations que sont les parents ou les éducateurs. La relation que l'enfant entretient avec eux repose beaucoup sur la confiance. Quand maman le pense ou quand le maître l'a dit, c'est vrai. Or, tôt ou tard, ces guides déçoivent. On entend souvent, chez des adultes, le reproche amer prendre la forme de la question suivante: «Pourquoi nous a-t-on enseigné cela comme étant la vérité, alors que nous découvrons maintenant que cela n'est qu'une opinion ou une idée marquée par son époque?»

Il est donc inévitable que la foi soit exposée à l'épreuve du doute. Il est toujours tentant de se replier sur ses certitudes plutôt que de risquer une plus grande insécurité en assumant les questions et les objections, en les formulant et en cherchant activement à faire la vérité. C'est un signe de maturité que de savoir tenir bon dans les difficultés de la vie comme dans les difficultés de la foi. D'être capable de remettre en question certaines convictions si les questions posées par l'expérience ou par la science s'avèrent être de bonnes questions. De savoir risquer de chercher des formulations et des expressions plus adéquates de la foi si les formulations et expressions traditionnelles sont devenues dénuées de sens.

Une foi adulte permet de marcher de plus en plus dans l'épreuve et dans l'obscurité. Ce trait de la maturité de la foi est mentionné par le concile Vatican II qui parle du «témoignage d'une foi vivante et adulte, c'est-à-dire d'une foi formée à reconnaître lucidement les difficultés et capable de les surmonter[7]». Ce trait s'apparente aussi à ce que Paul Tillich a appelé «le courage d'être». Non pas à la façon d'un héros ou d'un surhomme, mais dans la capacité de chercher obstinément la vérité et dans la conviction qu'on ne saurait jamais la posséder de façon totale et définitive. À celui ou celle qui se trouve là, on pourrait destiner une nouvelle béatitude: «Bienheureux ceux qui ont le courage de tenir bon dans la vie: Dieu vient à leur rencontre.»

3. Une foi qui s'exprime aussi dans le non-rationnel

L'importance de l'expression symbolique

Depuis deux siècles l'Occident vit à l'ère de la rationalité. Désormais, pour exister, les choses doivent pouvoir être détectées, mesurées, expliquées. L'idéal du savant, puis du

---

[7] Gaudium et spes, 21, 5.

journaliste, c'est l'objectivité parfaite, qui ne peut s'atteindre que par le détachement par rapport à l'objet. Quiconque entretient une conviction ou un préjugé par rapport à un aspect de la réalité est soupçonné de ne pouvoir être impartial quand il ou elle veut en parler, l'expliquer ou la critiquer.

Ce trait de la culture moderne jette le discrédit sur d'autres formes de rapport à la réalité. On tolère ce qui n'est pas purement et froidement logique et rationnel, comme l'émotion, l'intuition, la passion, la conviction. Mais quand vient le moment de prendre des décisions importantes, il ne faut considérer que «les faits». Ce qui est beau mais ne sert à rien, ce qui émeut et fait battre le cœur mais fait aussi perdre la tête, ce qui exprime un lien avec l'invisible mais ne peut s'exprimer ou se justifier dans un langage technique ou analytique, cela ne compte pas vraiment quand vient le temps des choses sérieuses.

Pourtant, ces autres dimensions de la réalité font la différence entre être fonctionnel et vivre. Et elles ont leur façon propre de s'exprimer. Un lion ailé, une pierre dressée, un croissant de lune stylisé, une couronne de lauriers, une femme aux yeux bandés tenant une balance à la main, un feu sacré qui ne s'éteint pas, un poisson stylisé: symboles d'hier, expressions anciennes de fierté, de désirs, d'appartenances, de peurs et d'idéaux. Un cœur, des fleurs, une colombe, des ballons gonflés à l'hélium, une flamme permanente sous l'Arc de triomphe, une femme ailée sur un capot d'automobile, une bouteille de champagne, un drapeau: symboles d'aujourd'hui, manifestations de sentiments, d'ambitions, de reconnaissance, de solidarités.

Une société ou une personne ne sauraient vivre sans symboles. Les esprits rationnels le concèdent volontiers. Seulement, ils réduisent les symboles à leur explication, puisqu'il faut tout expliquer et que seul compte vraiment le langage rationnel. «Ce n'est qu'un symbole...» entend-on parfois, comme si la valeur du symbole se limitait au contenu notionnel qu'il véhicule, aux concepts qu'une analyse anthropologique ou ethnologique permettrait de dégager.

Plusieurs chercheurs, parmi lesquels il faut mentionner Carl Jung, ont heureusement attiré l'attention sur la richesse des mythes et des symboles et sur leur capacité de conduire l'être humain à sa vérité. Grâce à eux, nous savons mieux aujourd'hui que c'est par le langage symbolique que l'on a accès à certaines expériences humaines fondamentales. Marc Girard énumère ainsi celles auxquelles on pourrait ramener tous les symboles bibliques: la conscience d'un transcendant qui se manifeste, le besoin d'incubation dans l'utérus, la conscience d'être assailli par des forces obscures et le besoin d'élévation et d'auto-dépassement[8].

Les rêves sont une voie d'accès privilégiée à ces expériences de désir, de frustration ou de conflits enfouies dans les profondeurs du psychisme humain. Les rêves sont chargés d'images et d'émotions d'une intensité souvent déroutante. Parfaitement irrationnels, les rêves font plonger dans l'univers symbolique et mettent en contact avec des dimensions de la réalité qui échappent à la conscience, soit parce que ces dimensions lui apparaissent trop menaçantes, soit parce que la culture lui impose la rationalité comme unique mode de connaissance du réel.

La vie éveillée recourt aussi volontiers au symbolisme pour donner un visage à des dynamismes profonds. C'est le cas, bien sûr, de l'expérience esthétique. Les grands poètes, cinéastes, peintres, chorégraphes ou metteurs en scène excellent à jouer avec les formes, les sons, les éclairages, pour créer des espaces ou des rituels symboliques capables d'évoquer l'insaisissable et de mettre en contact avec les zones profon-

---

[8] Préambule du chap. 2 de *Les symboles dans la Bible*. Essai de théologie biblique enracinée dans l'expérience humaine universelle (à paraître).

des de l'être, là où s'expérimentent l'angoisse et la joie, la peur et l'amour.

Il suffit aussi de lire les journaux avec un peu d'attention pour déceler le nombre étonnant d'événements dont la portée dépasse infiniment l'importance objective de leurs différentes composantes. Telle dispute de quartier devient symbole de la résistance d'une population à accueillir des immigrants. La lutte pour préserver un immeuble historique menacé de démolition incarne la cause tout entière de la préservation du patrimoine. Des manifestations d'opposition à l'érotisation de la publicité cristallisent pour un temps le refus des femmes d'être traitées en objets et leurs aspirations au respect et à leur dignité. Un fait en apparence banal peut ainsi prendre des proportions sociales considérables parce qu'autour de lui se cristallisent des forces émotives extrêmement puissantes que les seuls processus rationnels ne permettent ni de comprendre, ni d'orienter.

Ces observations suffiront à rappeler l'importance du langage symbolique. Demeurer insensible à ce langage et surtout s'y refuser, c'est s'appauvrir. S'y ouvrir, c'est se donner accès aux dimensions les plus profondes de son être et de l'expérience humaine en général.

Foi et symboles

Tout en appartenant aussi à l'univers de la production de sens, les grandes religions se distinguent des grands systèmes philosophiques. Ceux-ci cherchent à rendre compte de la vie et de l'univers en empruntant les chemins de la réflexion logique et discursive, alors que les religions privilégient la voie symbolique. Les grands mythes religieux de l'humanité et les grands rituels initiatiques ou cycliques constituent une voie d'accès privilégiée à des réalités invisibles et autrement insaisissables. Ils structurent les expériences clé de la finitude, de l'incohérence, de l'absolu, de la vie et de la mort, de l'amour et de la haine, de la culpabilité et du pardon.

Le christianisme, puisque c'est lui qui nous intéresse, a développé au cours des siècles un système extraordinairement élaboré de représentations symboliques. Tout l'univers des sacrements et de la vie liturgique emprunte aux grands trésors symboliques de l'humanité: l'eau, le feu, la lumière tantôt éclatante, tantôt tamisée, la croix réconciliant le vertical et l'horizontal, mais aussi les thèmes de la naissance et de la renaissance, de la vie ou de l'amour plus forts que la mort, pour n'en évoquer que quelques uns.

On ne s'étonnera pas que Jung ait apprécié tout de suite le potentiel de connaissance de soi et de croissance offert à l'être humain par l'expérience chrétienne. Fils de pasteur, Jung a été très critique face à ce qu'il considérait un impardonnable appauvrissement des possibilités que la foi chrétienne offre à l'âme humaine. La liturgie protestante qu'il connaissait était en effet très austère, dépouillée, pauvre en symbolisme et beaucoup plus verbale, donc rationnelle, que la liturgie catholique dont Jung pressentait la richesse. Il a connu et déploré les courants théologiques d'inspiration rationaliste qui discréditaient les mythes et les symboles considérés comme indignes de l'esprit moderne et en réduisaient l'importance aux concepts qu'on pouvait en dégager.

L'univers des mythes, des symboles et des rites est encore entouré de beaucoup de discrédit et d'incompréhension dans de larges secteurs de l'Église. On ne voit pas encore que le mythe est «l'organe de la connaissance religieuse de même que la science est l'organe de la connaissance du monde» (R. Otto). On n'estime pas à sa juste valeur la capacité des rites et des symboles d'exprimer l'expérience de foi. On ne sait pas assez qu'ils jouent le rôle de catalyseur, qu'ils ont la puissance de mettre en contact avec les sources les plus profondes de la vitalité, avec les grands conflits et les grands dynamismes intérieurs qui échappent à la conscience et à la parole articulée. La participation à des rites symboliques et l'expression de la foi par le biais de la poésie, du drame, de la musique ou de l'image permettent de toucher à la condition humaine à un degré d'intensité et d'universalité complètement inaccessible quand on s'en tient au registre du discours et de l'expérience de tous les jours. On a donc encore beaucoup à faire pour redécouvrir comment la participation à des rites où ces réalités cachées sont symboliquement rendues présentes et actives est un facteur d'unification, d'humanisation et de spiritualisation de la personne.

Une foi qui s'exprime de plus en plus par le symbole

«Moi je ne vais presque plus à l'église. Ça ne me manque pas. L'important, c'est en moi que ça se passe. C'est personnel. Les prières à l'église, chanter avec d'autres, ça ne me dit rien, ça ne me rejoint pas. Il y a seulement la messe de Noël, ça ce n'est pas pareil. Au fond, quand on croit que Dieu existe et qu'on ne doute pas, et puis qu'on essaie d'être correct avec son prochain, on n'a pas besoin de cérémonies, vous ne trouvez pas?»

Ces mots révèlent que la dimension cultuelle n'a pas de sens pour celui ou celle qui les prononce. Cela peut être justifié si les rites et liturgies qui lui sont proposés sont accomplis machinalement, sans être aucunement habités par l'intériorité. Mais ces mots peuvent aussi indiquer une insensibilité à l'expression symbolique de la foi et un manque de maturité dans la foi. Car celle-ci a quelque chose à voir avec la capacité de vivre des expériences symboliques et rituelles. Sans doute ne faut-il pas sous-estimer la tendance à réduire le religieux au rituel et à faire de la participation à la vie liturgique de l'Église le critère déterminant de la vérité de la foi. Les prophètes de l'Ancien Testament ont constamment dénoncé cette réduction de l'espace de la foi au domaine liturgique et ont montré comment une liturgie impeccable pouvait faire illusion sur la qualité de la foi de ceux qui la célèbrent[9].

Malgré tout, c'est encore trop souvent en termes de pratiquants et de non pratiquants, c'est-à-dire de participants réguliers à l'eucharistie du dimanche et en non participants, que plus d'un distinguent aujourd'hui les bons et les mauvais croyants. Si bien que plusieurs adultes qui ont délaissé la participation à la liturgie en viennent à se considérer eux-mêmes comme de mauvais croyants. Dire par conséquent que la capacité d'exprimer sa foi avec d'autres à travers les rites et symboles de l'Église est un trait de la maturité croyante, c'est risquer de renforcer une équivoque. Il faut donc s'expliquer.

Il n'est pas question de revenir sur le caractère éminemment personnel de l'expérience de croire et de la relation à Dieu. Toujours, cependant, les croyants ont senti le besoin de se regrouper pour exprimer ce qui leur était commun, bien que s'exprimant de façon différente dans la vie de chacun et bien que se réfractant de façon singulière dans son univers intérieur. Empruntant en bonne partie à l'héritage juif et aux traditions grecques, cherchant aussi à rester fidèles aux intentions de Jésus durant sa vie et spécialement lors du dernier repas partagé avec les siens, les premiers chrétiens ont pris l'habitude du repas pris en commun et ont reconnu dans le symbole du partage du pain et de la coupe le lieu privilégié de la présence du Christ ressuscité à la communauté. Ils ont développé une tradition hymnique qui unit la communauté dans la reconnaissance des merveilles de Dieu. Ils ont pris l'habitude de poser ensemble des gestes concrets de solidarité qui rendent visible la puissance de transformation de l'existence qui est celle du ressuscité mystérieusement présent au milieu d'eux. Le rituel du baptême en particulier a multiplié les symboles: orientation des baptistères vers l'est, passage à

[9] Voir en particulier Am 5,21-25; Is 1,11-20; 58,1-12; Jr 7,1-15.

travers l'eau, lumière du cierge pascal dans la nuit, remise du vêtement blanc n'en sont que les éléments les plus frappants.

Au cours des siècles, les communautés chrétiennes ont considérablement modifié leurs façons d'exprimer la foi et d'y conduire. Ce serait faire injure à la vérité historique et au dynamisme interne des communautés que de donner à entendre que la liturgie telle qu'elle existe aujourd'hui est identique à celle des premiers chrétiens et est la seule façon d'être fidèle, pour aujourd'hui et pour l'avenir, aux intentions du Christ. Il y a des époques où des symboles perdent leur pouvoir de signification et doivent être abandonnés au bénéfice de l'adoption de nouveaux symboles, mieux ajustés à la culture contemporaine. S'il est par exemple légitime de recourir aux divers symbolismes associés au printemps pour célébrer le mystère de Pâques, il ne conviendrait pas de les imposer aux Églises de l'hémisphère sud pour qui la célébration de Pâques survient au début de l'automne à moins de lier Pâques au printemps et d'adopter deux calendriers liturgiques, l'un pour l'hémisphère nord et l'autre pour l'hémisphère sud.

Si nous insistons sur ce point, c'est que l'Église a la responsabilité de favoriser l'expérience symbolique chez ceux et celles qui cheminent vers la maturité dans la foi. Une personne qui n'arrive pas à exprimer sa foi mais la conserve dans le secret de sa conscience a moins de chance de parvenir à la maturité de la foi que celle qui est capable de communier à d'autres croyants non seulement par le biais du discours rationnel, mais surtout par le biais de l'imaginaire, du symbole, de l'évocation, du rite, du chant, de l'esthétique et aussi du geste corporel. Par ces divers modes d'expression, la foi prend conscience d'elle-même et acquiert un contenu et une forme.

Quand une personne devient sensible à l'expérience liturgique symbolique, elle unit la richesse de son vécu religieux personnel à celui des croyants et des croyantes qui l'ont précédée. Elle ajoute aux mots et aux gestes qui ont du sens pour elle ceux qui lui sont proposés par la communauté comme une invitation à élargir sa conscience et son horizon. Elle accède à une communion profonde avec tous ceux et celles qui, par des voies spirituelles différentes, vont à la rencontre du Dieu vivant.

Enfin, comment ne pas signaler que d'autres traits de la maturation dans la foi sont repris et stimulés dans l'expérience de la célébration symbolique et communautaire? Pour ne prendre qu'un exemple, la célébration liturgique de la nuit de Pâques invite chacun, chacune et la communauté entière à renouveler l'option libre et personnelle de la foi. Les récits bibliques de la création qui sort du chaos, de la liberté qui succède à la servitude et de la vie qui triomphe de la mort, mais aussi les symboles de la lumière qui brille dans la nuit ou de l'aspersion d'eau, proposent un sens global aux expériences fondamentales de la vie humaine.

* * *

Les deux derniers chapitres ont été consacrés à décrire des traits de la maturité dans la foi. Ceux-ci sont sans doute inter-reliés de par la complexité de l'attitude religieuse et de l'acte de foi dans une même personne, mais ils sont en même temps relativement indépendants. Voilà pourquoi certains croyants ont une foi très éclairée intellectuellement parlant sans que celle-ci n'imprègne leur vie de façon très perceptible. D'autres peuvent traverser les épreuves avec courage, confiance et abandon en se reposant essentiellement sur le consensus social d'un milieu croyant, alors que d'autres encore seront insensibles à la participation communautaire aux rites symboliques tout en étant profondément engagés dans des groupes voués à la promotion de la justice et de la vie.

L'expérience croyante est une expérience extraordinairement dynamique et dynamisante pour l'être humain. Sans doute la maturité dans la foi est-elle un projet toujours fragile, toujours incomplet. Mais cet inachèvement même empêche les croyants de vivre en référence exclusive au passé. Il les garde tournés vers l'inédit de Dieu, vers ce que l'œil n'a pas vu, ce que l'oreille n'a pas entendu, ce qui n'est pas monté en notre cœur, tout ce que Dieu a préparé pour ceux qui l'aiment (1 Co 2, 9).

SECTION 4

La clé de voûte

CHAPITRE 7

L'ouverture à l'autre

C'est en parlant d'ouverture que nous allons conclure ce livre, car c'est ce qu'il y a de plus humain dans l'humain. Même s'il connaît un jour ou l'autre le repli sur soi, l'angoisse devant un avenir qui apparaît sans lendemain, la méfiance devant la surprise et la nouveauté, l'être humain est-il autre chose qu'une immense ouverture sur la vie, un désir infini, une soif insatiable, une capacité d'accueil, une étonnante faculté d'anticipation de l'avenir, un devenir permanent?

Comment la foi serait-elle étrangère à ce mouvement? Pétrie elle-même d'ouverture, la foi chrétienne stimule et soutient le croyant dans l'élan profond de son humanité. Nous entendons regarder dans ce chapitre comment la relation à l'autre, qui est au cœur du développement humain, est aussi au cœur du développement de la vie croyante. Nous savons, bien sûr, que beaucoup de chrétiens expérimentent la foi sous les modes de la soumission, de l'interdit, de l'aliénation, des préjugés et de l'attachement au passé. Mettre en lumière l'expérience de croire comme expérience d'ouverture et de relation n'en est que plus important.

On consentira d'abord à effectuer un bref détour par le champ de la croissance psychologique. Sans ce détour, toute parole sur la gestion de l'altérité dans l'existence du croyant adulte risque de manquer d'enracinement.

De la découverte à la valorisation de la différence

Au point de départ de sa croissance, l'être humain existe, psychologiquement parlant, dans une sorte d'état fusionnel avec la mère. Un mouvement est inscrit en lui qui le conduira à se dégager peu à peu de cet état d'indifférenciation pour accéder à la conscience de son unicité et à se mettre à vivre selon ce qu'il est. Ce développement psychologique est analogue au développement physique, comme le reconnaît la sagesse populaire qui parle depuis longtemps de la nécessité de «couper le cordon ombilical».

Le bébé humain ne se distingue d'abord pas du monde environnant et c'est de façon très progressive qu'il prend conscience que les êtres qui l'entourent ont une existence indépendante de la sienne. Ils peuvent disparaître de son champ de vision et réapparaître plus tard. Ils peuvent ne pas répondre immédiatement à ses appels et à ses cris. Pourtant, il peut les influencer par ses pleurs ou par ses sourires. Le moment où l'enfant peut dire «je» marque une étape importante dans son développement. Il signale en effet le début d'une perception de soi comme distinct du monde environnant, mais aussi le début de la capacité de relation consciente avec les autres reconnus comme autres. Cette capacité de relation sera le terrain d'intenses conflits psychiques dont certains, tel le complexe d'Œdipe, marqueront de façon positive ou négative toute l'existence.

Le mouvement profond du «je» dans sa relation aux autres ne va pas dans n'importe quelle direction. Il est déterminé. Sans cesse contrarié par la tentation de revenir en arrière vers la fusion bienheureuse avec la mère, il pousse la personne vers une prise de conscience et une affirmation de son individualité, une découverte et un déploiement de sa singularité, une revendication et une réalisation de son autonomie.

On n'est pleinement «je» qu'en présence d'un autre «je» et on n'existe vraiment qu'une fois qu'on a un vis-à-vis. On n'existe dans la relation qu'une fois que celle-ci a pris la forme non d'une simple juxtaposition, mais d'un dialogue. Dire «je» et entendre l'autre utiliser le même petit mot, mais pour désigner une personnalité radicalement différente, c'est s'obliger à reconnaître à l'autre le droit d'être différent, le droit d'être autre. C'est ne pas le réduire à être un autre soi-même, c'est le reconnaître et lui dire «tu». Et c'est dans l'espace entre le «je» et le «tu» que la conscience de soi peut exister pour les deux partenaires.

Donc peu à peu grandit la capacité d'ouverture à l'autre et de communion. Dans un premier temps, on cherche dans l'autre ce qui nous ressemble. «Qui se ressemble, s'assemble», dit le proverbe. On se cherche toujours d'abord un miroir. Les premiers groupes d'amis se forment par affinités. C'est là une étape normale, mais si on en reste là, la croissance s'enlise. Quand on a assuré de façon suffisamment solide sa propre identité, on peut s'ouvrir et s'abandonner sans craindre de se perdre. Plus l'identité se consolide, plus la richesse d'être pousse au partage et à la communion. La relation à l'autre est au cœur du devenir.

Toute personne cherche donc à accéder à sa différence et à pouvoir apprécier la différence de l'autre. Trois voies s'offrent à elle, qu'elle emprunte tour à tour suivant les circonstances de sa vie: l'affirmation, le refus et le reflet reçu de l'autre. Et deux impasses majeures peuvent bloquer la route de ce développement: la domination de l'autre et la manipulation de l'autre.

Trois voies: affirmation, refus, reflet

L'acquisition de la capacité de dire «je» marque une étape décisive dans la marche vers l'autonomie. Dire «je», c'est se poser en sujet de ses actions et de ses pensées: «je désire ceci, j'ai envie de cela, je n'aime pas les épinards, je préfère telle autre activité». Dire «je», c'est également se distinguer de l'autre. «Je déteste cette émission (qui est peut-être votre préférée)». «J'adore cette musique (que vous trouvez peut-être insipide ou insupportable)».

L'affirmation de soi et de sa différence prend aussi le visage du refus et de l'opposition. Dès l'âge de deux ans, l'enfant sait dire non. Il met son entourage à l'épreuve et enregistre les réactions qu'engendre l'exercice de sa fragile autonomie. Il peut, par son entêtement, paralyser les projets de toute la famille, faire perdre patience à ses parents, obtenir parfois de guerre lasse ce qu'on lui refusait, centrer toute l'attention sur lui au détriment de ses frères et sœurs. L'adolescence est, on le sait, une autre période privilégiée pour exister en s'opposant. Il faut tout de même du temps, souvent jusqu'à tard dans l'âge adulte, pour parvenir à la véritable capacité de dire «non», sans blesser l'autre et sans culpabilité, simplement se respecter soi-même et se faire respecter des autres.

S'affirmer positivement ou afficher refus et résistance sont donc deux façons d'atteindre l'identité personnelle et de la manifester. L'incapacité d'emprunter l'une ou l'autre voie est, chez un adulte, signe d'une maturité inachevée.

Affirmation et refus prennent racine dans l'individu et lui permettent de se poser différent face à l'autre. Mais l'autre contribue aussi à façonner l'identité en jouant le rôle de miroir et en reflétant à l'individu sa propre valeur.

C'est le cas de l'amour maternel ou paternel, de l'amour du couple ou de l'estime qui se développe entre collègues de travail. Ces relations sont normalement marquées par l'acceptation mutuelle. Cela n'implique pas, tout le monde le sait, que les partenaires soient toujours d'accord ni qu'ils partagent les mêmes goûts et les mêmes vues sur tout. Mais cela signifie que chacun est accueilli et apprécié comme il est de façon globale et positive. On peut encore dire à l'autre son désaccord, le reprendre, l'encourager à repousser une limite ou à combattre un défaut. C'est une autre façon de lui refléter qu'on croit en lui et qu'on désire qu'il grandisse davantage en devenant pleinement lui-même.

Deux impasses: domination et manipulation

Il n'est pas rare qu'une personne vive sous la domination d'une autre. Elle préfère s'effacer plutôt que d'exister. Des hommes et des femmes passent toute leur vie dans la crainte de ce que les autres vont dire ou penser. Certaines personnes ont tellement besoin de sécurité affective qu'elles sont prêtes à nier quelque chose de leur propre existence et à vivre en fonction de l'autre plutôt qu'en fonction d'elles-mêmes. Parallèlement, il y a des personnes qui n'existent que par la domination et le pouvoir exercé sur quelqu'un d'autre. Combien d'adultes n'arrivent que tardivement à se libérer de l'emprise de parents possessifs qui les ont programmés en fonction de leurs propres désirs et d'ambitions qui ne sont souvent pas autre chose que les rêves qu'eux-mêmes n'ont pu réaliser!

Une forme particulière de domination est la manipulation, où l'on exerce une pression sur quelqu'un d'autre dans l'espoir d'en obtenir quelque chose. Charme, séduction, chantage, services rendus... tous les moyens sont bons. La manipulation s'exerce souvent de façon très subtile, presque à l'insu des personnes concernées. Car la conscience ne peut admettre sans honte ou culpabilité cette idée de l'utilisation des autres; aussi repousse-t-elle dans les zones profondes du psychisme ces attitudes intéressées qui vont à l'encontre de ses principes moraux.

Faut-il préciser que ces observations n'impliquent pas qu'on ne puisse influencer les autres. Il existe des chefs naturels qui ont le don d'éveiller les autres à leur propre potentiel, de les stimuler à s'assumer et à mettre leurs richesses au service d'un but. C'est une grâce que de travailler avec quelqu'un qui exerce un véritable leadership exercé sans esprit de domination.

L'adulte, l'autre et le développement de la foi

Il fallait ce détour sur les chemins du devenir humain pour aborder correctement les défis que la personne et, singulièrement, l'adulte, doit relever dans le domaine de la foi. Car l'expérience chrétienne de croire n'est pas étrangère aux processus de développement; elle les soutient, elle les radicalise même souvent et elle présente quelques défis originaux, comme nous allons le voir maintenant.

C'est toujours par les autres que s'élabore la foi comme option face au sens de l'existence. Que ce soit par imitation ou par opposition, chacun, chacune élabore son système de croyances et de représentations en relation avec ceux et celles qui l'ont précédé et qui ont donné des contours à une culture, à une philosophie, à une tradition.

En contexte chrétien, cela s'appelle la dimension ecclésiale de la foi. L'existence chrétienne est une façon d'être au monde que l'on reçoit de ces femmes et de ces hommes qui, depuis les apôtres, ont cherché à vivre de l'Esprit du Christ et ont été l'Église. On ne peut entrer ou demeurer dans l'existence chrétienne en court-circuitant cette médiation de l'Église. «On ne naît pas chrétien, on le devient», écrit Tertullien, et on le devient par mode d'initiation. Même lorsqu'une personne fait l'expérience subite d'être illuminée par la révélation de

Dieu ou du Christ, elle a besoin d'interpréter cette expérience ineffable. C'est ainsi que Saul, qui avait été bouleversé de façon subite par une intense expérience intérieure, a eu besoin d'être instruit par Ananie de la foi au Christ (Ac 9, 10ss).

Toute expérience croyante s'inscrit donc dans un contexte de relations au sein desquelles il faut savoir passer de la dépendance à l'autonomie et de l'autonomie à la communion. Ces passages sont nécessaires pour qui veut régler sa vie sur le commandement biblique: «Tu aimeras ton prochain comme toi-même.»

Les parents

On dit souvent que les parents sont les premiers éducateurs de la foi de leurs enfants. Voilà qui est très juste, pourvu qu'on ne comprenne pas la chose de façon étroite, en s'imaginant par exemple que les parents doivent avoir les premiers un discours articulé sur la foi, sur Dieu, sur le Christ. Si les parents sont les premiers éducateurs de la foi, c'est parce qu'ils sont les premiers éducateurs tout court; ils initient à la vie et au monde. C'est à travers leurs yeux que les enfants élaborent leur premier système de représentations.

Sur le plan religieux, c'est en grandissant avec leurs parents que, sans réflexion conceptuelle et par une sorte d'osmose, les enfants apprendront que la foi se vit en communauté ou de façon individuelle; que Dieu est un être impersonnel et distant, ou qu'il peut être au contraire l'objet d'une relation sous le mode de la prière ou sous le mode de la reconnaissance dans le quotidien; que l'on peut avoir une parole personnelle sur la vie morale et religieuse, ou qu'on doit donner un assentiment silencieux aux enseignements des responsables d'Église; que la religion est une affaire d'enfants dont on s'affranchit en devenant adulte, qu'elle a une fonction épisodique de support dans les moments où tout va mal, ou encore qu'elle peut servir de pôle unificateur à toute la vie.

Cette première influence de «l'autre» dans le domaine religieux est déterminante pour toute la vie. Une étude célèbre a montré que ce qui reste vraiment d'une éducation religieuse initiale, c'est ce qui vient du milieu familial, quelle que soit la qualité de l'enseignement religieux à l'école ou au sein de la communauté chrétienne[1].

L'univers religieux du jeune s'élabore donc initialement en totale dépendance des parents ou de ceux qui en tiennent lieu. S'il n'est pas de maturité possible sans brisure de la dépendance, il n'est pas étonnant que des adolescents et même des adultes évoluent sur le plan religieux en s'opposant sur ce plan à leurs parents. Plus d'un adolescent ou jeune adulte mettra de côté toute forme d'appartenance religieuse pour mieux se distinguer de ses parents croyants, tout comme d'autres, qui ont des parents hostiles à la religion, se joindront avec ardeur à une secte ou à un mouvement où l'élément religieux est déterminant.

Les premiers chrétiens ont expérimenté que leur option de foi les plaçait souvent en situation de rupture par rapport à leur milieu familial. Certaines paroles de Jésus les ont éclairés et soutenus dans cette expérience: «Qui aime son père ou sa mère plus que moi n'est pas digne de moi» (Mt 10, 37). Le souvenir de la distance prise par Jésus lui-même face à sa propre famille et, semble-t-il, particulièrement face à sa mère, était déjà pour eux une indication que le cheminement dans la foi implique un dépassement des appartenances parentales (voir en particulier Mc 3, 31-35).

---

[1] A.M. Greeley et P. Rossi, *The Education of Catholic Americans. Catholic Schools in A Declining Church* (L'éducation des catholiques américains. Les écoles catholiques dans une Église en processus de déclin), Aldine Press, 1966.

Ce processus peut s'accompagner d'ambiguïté et de culpabilité. Certains adultes hésiteront donc, par exemple, à s'en tenir au mariage civil ou à ne pas demander le baptême pour leur enfant, afin de ne pas contrarier leurs parents. La plupart cependant en arrivent à une relation ouverte et respectueuse face à leurs parents sur le plan religieux. Ils respecteront et même faciliteront certaines pratiques qui n'ont pas beaucoup de sens pour eux-mêmes, mais qui en ont toujours pour leur père ou leur mère. Par exemple, ils se feront un plaisir de les conduire à l'église le dimanche et de les ramener après la célébration. Ils s'engageront volontiers d'égal à égal dans des conversations sur des thèmes religieux, parvenant à une authentique communion dans la réflexion.

Le milieu social

La personnalité se construit à un carrefour intérieur où se bousculent ou se conjuguent toutes sortes d'influences. Très tôt, l'influence du milieu social s'exerce sur la personne et pour être plus diffuse que celle de la famille, elle n'en est pas moins contraignante.

La société occidentale a fait de la religion une affaire optionnelle et privée. Elle est de plus résolument individualiste. Cela exerce une influence considérable sur la façon de vivre la foi. Les appartenances sociales particulières exercent elles aussi leur pression. Dans les milieux populaires, les intérêts de base ont trait aux besoins fondamentaux de nourriture, de logement, de sécurité, de travail. Les rassemblements religieux et les pèlerinages prennent volontiers le visage de la fête de quartier et la participation aux activités de l'Église sont une occasion de valorisation et de promotion. La religion y est souvent perçue comme étant de l'ordre de l'utile, ce que d'autres dénoncent, avec raison, comme une aliénation. Car la religion n'est pas vraiment efficace pour répondre à ces besoins fondamentaux, à moins qu'elle soutienne un mouvement de modification des conditions d'existence, comme c'est le cas avec la théologie de la libération en Amérique latine.

Les croyants qui appartiennent à la haute bourgeoisie ou au milieu de la finance ont plutôt tendance à utiliser la religion comme un facteur de stabilisation de l'ordre social. La participation aux activités ecclésiales est une occasion d'exercer une forme de philanthropie et de maintenir un réseau de contacts amicaux. Ils attendent souvent des autorités ecclésiales qu'elles répriment les mouvements de contestation, qu'elles rappellent l'importance de vertus comme l'obéissance et surtout qu'elles s'en tiennent, dans leurs projets comme dans leurs enseignements, à des domaines «spirituels».

Les croyants de classe moyenne voient en général la religion comme une affaire privée que chacun vit secrètement sans avoir de compte à rendre à personne sinon à sa propre conscience. Ils attendent de l'institution ecclésiale qu'elle ne s'ingère pas dans le champ de la moralité, ni individuelle, ni publique. Par contre, ils lui demandent volontiers d'être, à la façon des supermarchés, une dispensatrice de services spirituels où ils peuvent se procurer ce qui répondrait à leurs besoins ou intérêts du moment.

Il y a des milieux où il est de bon ton de parler de recherche spirituelle à l'école de la dernière nouveauté, de la psychanalyse ou de la sagesse la plus orientale possible, mais où la foi chrétienne est tout à fait discréditée comme voie spirituelle. Certains milieux professionnels excluent impitoyablement ceux ou celles qui s'afficheraient comme croyants, soit en les marginalisant, soit en les tournant en ridicule. Si bien qu'on connaît des adultes qui fréquentent une communauté chrétienne presque en cachette ou vont secrètement prendre part à l'eucharistie un midi, sur semaine, à l'heure du lunch, par peur des réactions de leur milieu familial ou de leur milieu social.

Il y a donc des milieux favorables à la foi, d'autres qui lui sont hostiles. L'évolution d'un adulte dans la foi peut donc être facilitée ou retardée par le milieu auquel il appartient. Mais toujours, il devra passer de la dépendance à l'autonomie.

À mesure que la société se dégage de ses références chrétiennes, les croyants d'aujourd'hui réapprennent l'importance de l'appel intérieur qui les engage à des façons d'apprécier la réalité et de faire des choix qui ne se conforment pas toujours aux valeurs du monde environnant. La relation à l'autre n'en est pas facilitée puisqu'il faut tantôt se distinguer courageusement dans ses options, tantôt s'ouvrir à l'autre pour apprendre, de sa différence, à reconnaître sa propre spécificité, tantôt encore s'appuyer sur l'autre qui, engagé dans la même recherche spirituelle, confirme, encourage et soutient.

Peut-être l'équilibre dans la relation au milieu ambiant n'est-il jamais trouvé de façon satisfaisante. L'autonomie est toujours à conquérir. Une fois qu'on y a accédé, elle reste menacée. Mais cette autonomie est la condition même du témoignage. Déjà, au premier siècle, l'auteur de la première lettre de Pierre invitait les croyants à «se tenir prêts à rendre compte de l'espérance qui les habite» (1 P 2, 15). Condition du témoignage, l'autonomie est aussi la condition de l'ouverture: l'adulte qui a personnalisé sa foi est capable d'entrer en dialogue avec la culture, d'en reconnaître les valeurs, d'apprendre de ceux ou celles qui ont des options différentes.

Les responsables ecclésiaux

Les communautés chrétiennes n'ont jamais été anarchiques. Même si les modalités du leadership ont varié considérablement au cours des siècles et suivant les cultures, toujours des leaders ont veillé à la qualité de la vie évangélique tant de la communauté que de chacun des croyants. Ce rôle s'exerce de façon multiforme. Des membres de la communauté stimulent et exhortent, d'autres président à la prière. D'autres enseignent, d'autres encore veillent à l'organisation de la communauté et à son bon fonctionnement (cf. 1 Co 12, 4-11). La tradition catholique affirme que l'Esprit du Christ assiste certains croyants, le pape et les évêques, pour conduire la communauté de façon sûre aussi bien en ce qui a trait à l'objet de la foi qu'en ce qui a trait à l'agir cohérent avec cette foi. À cause de l'importance de ce rôle multiforme de veiller à la qualité de la vie évangélique, il est normal que les divers responsables ecclésiaux soient entourés de respect et que leur parole soit accueillie d'emblée comme digne de foi.

Pourtant, même face aux responsables ecclésiaux, l'adulte doit sortir de la dépendance et parvenir à l'autonomie. Si la foi chrétienne est une réponse libre à une invitation de Dieu, il ne saurait être question de dépendance dans la foi. Il est de la nature de l'existence chrétienne de se déployer sur un fond de liberté. Les décisions du croyant se prennent de l'intérieur et la qualité évangélique de son adhésion se mesure, entre autres indicateurs, à la rectitude de cette conviction intérieure qu'est le jugement de conscience.

C'est une des tâches importantes des responsables ecclésiaux que de faciliter le jugement de conscience des membres de la communauté. Voilà un défi considérable à relever, puisque sociologiquement parlant, toute autorité tend à s'imposer et risque de créer des dépendances. Les responsables ecclésiaux peuvent et doivent même enseigner avec autorité, mais l'enseignement autoritaire ne suffit pas: il faut une pastorale de l'intelligence de la foi qui favorise une éducation de la conscience et de la liberté intérieure.

Jésus a été reconnu comme ayant beaucoup d'autorité et sa parole commandait le respect (Mc 1, 22. 27; 2, 10; 6, 2, 11, 28-33; voir aussi Jn 7, 46). Pourtant, le premier, il a refusé d'emprunter le chemin du pouvoir et insisté pour que, dans la communauté des disciples, il ne se crée aucune dépendance. «Les rois des nations leur commandent... Pour vous, il n'en va pas ainsi. Que celui qui gouverne se comporte comme celui qui sert» (Lc 22, 25-26). Voilà pourquoi l'évangéliste Matthieu a établi un contraste entre le leadership des scribes et des pharisiens, fondé sur une relation de dépendance, la relation maître-disciple, et le leadership chrétien, qui se fonde sur l'égalité fondamentale de tous les baptisés. «Ne vous faites pas appeler "Maître"... n'appelez personne "Père"... ne vous faites pas non plus appeler "Docteur"... car vous êtes tous frères, car vous n'avez qu'un Père, car vous n'avez qu'un Docteur» (Mt 23, 8-10).

L'adulte qui est autonome face aux autorités ecclésiales est capable de communion et de dialogue avec elles. Il peut réclamer de ses leaders qu'ils sachent bien distinguer entre l'essentiel et l'accessoire, qu'ils soient bien formés et bien informés, qu'ils se fassent les porte-parole de la tradition non pas de façon mécanique, mais en en faisant voir toute la pertinence avec la vie réelle. Il peut relancer une question si ce qu'on lui a répondu lui semble insatisfaisant. Il est capable d'invoquer sa propre expérience humaine et spirituelle pour confirmer ou relativiser les façons de voir ou de faire qu'on lui propose. Il est légitime qu'il veuille examiner les choses, comprendre, s'assurer que les objections fondées et les requêtes de l'intelligence ont été entendues. Il se réserve le droit à la dissidence intérieure et, parfois, il se devra de l'exprimer publiquement, comme Paul le fit devant Pierre lors de l'incident d'Antioche (Ga 2, 11-14).

Les figures d'identification

Lorsque des adultes racontent leur expérience de foi, ils mentionnent souvent le rôle capital joué par une personne qui leur a servi de figure d'identification. Ces figures peuvent appartenir à l'histoire passée du christianisme. La personne de François d'Assise fascine par la simplicité de sa vie inspirée de l'Évangile. La figure de Marie de l'Incarnation inspire par l'intégration harmonieuse de la contemplation et de l'action au cœur du monde. La vie de Charles de Foucauld traverse le temps comme un appel à une vie toute simple de présence aux plus petits dans l'humanité.

Mais on trouve aussi ces figures d'identification dans le présent, sur sa propre route. Telle personne invite à une présence courageuse au sein des luttes pour la justice et la paix. Telle autre témoigne d'une cohérence exceptionnelle entre les responsabilités professionnelles et les invitations de l'Évangile. Telle autre encore manifeste le courage et la ténacité de la recherche pour vivre et dire la foi au cœur de la culture pluraliste et scientifique.

Figures du passé ou figures du présent, personnes rencontrées réellement ou connues seulement à travers leurs écrits, ces «autres» jouent, souvent sans le savoir, le rôle de phare et de guide. Elles incarnent ce qu'on se sent plus ou moins confusément appelé à vivre. Elles sont là, devant soi, à la façon d'un appel. Ce sont, si on veut, des figures symboliques, c'est-à-dire qu'elles mettent en contact de façon affective avec des réalités invisibles.

Il existe donc, dans le domaine religieux, ce que, dans d'autres domaines, on appelle des «mentors». Le mentor est quelqu'un qui a l'expérience des réalités qui nous sont encore inconnues. Tel un guide qui conduit dans un pays étranger, familier avec la langue, les lieux et les coutumes, le mentor facilite les premiers pas qu'on s'aventure à faire dans un champ particulier de l'expérience humaine. Tout comme sur le plan du travail, il est extrêmement bénéfique pour l'adulte de rencontrer pareilles figures d'identification sur le plan religieux. C'est d'ailleurs une autre des richesses de la dimension communautaire de la vie chrétienne: elle permet de côtoyer des hommes et des femmes qui, par leur simple façon d'être, révèlent et stimulent.

La relation à une figure d'identification peut, elle aussi, créer ou maintenir une forme de dépendance et ralentir le passage vers l'autonomie. S'avancer sur les chemins de la foi en étant guidé par une figure d'identification, c'est vivre, en partie, d'une personnalité spirituelle d'emprunt. Certes, le mentor nous révèle à nous-même et confirme que la voie sur laquelle nous devons nous engager est praticable. Mais tôt ou tard, les différences apparaîtront. On entre et on progresse dans la vie de foi grâce à quelqu'un qui nous y initie. Mais vient un moment où on est seul face au mystère de son unicité et de sa singularité, où il faut voler de ses propres ailes, reconnaissant à l'endroit de ceux qui nous ont appris à voler, mais quand même seul à tracer sa route dans le ciel.

Comme les responsables d'Église, les adultes qui sont conscients de jouer le rôle de figure d'identification doivent se mettre au service de l'autonomie des croyants. Cela est plus difficile qu'on pense. Il est tellement valorisant d'être une personne signifiante pour quelqu'un d'autre qu'on peut, à son insu parfois, jouer le jeu du «maître» et retarder l'accession des «disciples» à leur liberté.

Il est dommage que les croyants d'aujourd'hui ne connaissent presque plus l'histoire de ceux et celles qui les ont précédés sur les chemins de la foi. Il est vrai qu'au 19e siècle et au début du 20e, les vies de saints ont été d'un tel idéalisme et l'imagerie si terne (Simenon peut décrire un de ses personnages comme «un être qui n'avait plus d'âge, au visage émacié, sans couleur et sans vie, comme on en voit à certains saints sur les images religieuses») que toute forme d'identification était impossible. Il est vrai également que la dévotion aux saints et aux saintes en était venue, dans certains milieux, à prendre la place de la foi au Christ. Il faut souhaiter que, grâce en particulier aux approches de la «nouvelle histoire», les figures du passé refassent surface et redeviennent interpellantes et signifiantes pour les croyants d'aujourd'hui. Tout comme il faut souhaiter que la qualité des rassemblements communautaires mette en contact avec des femmes et des hommes à la foi libre, vivante et incarnée qui seront, pour un temps, des guides sur les chemins de la maturité dans la foi.

L'Autre, avec un grand «A»

Et il y a l'Autre. Tout simplement. Dieu. Dieu qui a cette singulière propriété d'échapper à nos sens et qui est ainsi le seul être radicalement autre que tout ce que nous connaissons dans cet univers. Les humains peuvent éprouver, dans certaines situations, le sentiment de sa présence. Ils peuvent attribuer à son action certains phénomènes. Ils peuvent s'élancer vers lui animés par l'aspiration à l'Absolu et à l'Infini qu'ils se découvrent au fond du cœur. Mais la relation avec lui n'est possible que si lui-même en prend l'initiative. Et c'est précisément ce que croient les chrétiens, les juifs et les musulmans: Dieu a pris l'initiative de se faire proche. Loin d'être une force impersonnelle, il est un «je» qui nous dit «tu», avec qui nous pouvons être en dialogue et en communion.

L'altérité de Dieu est d'autant plus mystérieuse que l'expérience de Dieu est toujours médiatisée. Nous ne l'atteignons que par les traces qu'il laisse de son passage. Il y a toujours, entre le croyant et son Dieu, «autre» chose ou quelqu'un d'«autre». Il peut s'agir de ce que la nature a de grandiose, d'événements bouleversants comme celui de donner naissance à un enfant, de signes et symboles liturgiques, ou de personnes signifiantes parmi lesquelles la personne de Jésus se présente aux chrétiens comme la médiation par excellence. Toutes ces médiations comportent cependant une part d'opacité et aucune, même pas la figure de Jésus, ne peut prétendre à une pure transparence. Il n'est jamais «évident» que Dieu s'y fait rencontrer. Face aux différentes médiations de la présence de Dieu s'impose un nécessaire travail d'interprétation, de discernement, de déchiffrement, au terme duquel, si tant est qu'on puisse le mener jusqu'au bout, on reste toujours devant le Mystère.

Dieu étant un «autre» véritable, la relation avec lui, comme toutes les autres relations, peut être biaisée. Certaines personnes ne se conçoivent que dans la dépendance face à Dieu; elles ne prennent pas leurs décisions en fonction d'elles-mêmes ou des circonstances objectives dans lesquelles elles se trouvent mais vivent la foi sous le mode de la peur, la peur d'être jugées ou punies, ou celle d'être privées de la bienveillance divine. D'autres cherchent à dominer, à manipuler Dieu. Une forme grossière de la manipulation est une sorte de marchandage: on fait des promesses à Dieu ou on se prive de quelque chose en échange de sa faveur, de sa puissance ou de son pardon. Et une des formes les plus subtiles de la manipulation de Dieu est la réduction: on neutralise son mystère, on le domestique, en quelque sorte. On le ramène à des proportions familières où l'altérité est occultée et rendue moins menaçante par le recours à des représentations qui donnent l'illusion de «connaître» Dieu.

Pourtant, Dieu est l'Autre qui résiste à toute tentative de réduction à des catégories commodes ou à des images, même évocatrices. Certes, les images ne manquent pas dans la tradition biblique quand on veut parler de Dieu. En réalité, autant l'imagerie visuelle est scrupuleusement interdite aux Israélites, autant les images verbales abondent dans un extraordinaire foisonnement. Images de protection: le rocher, la citadelle, le bouclier, le défenseur, le berger, l'aigle. Images de supériorité: le roi, le seigneur, le juge, le potier, le feu. Images de relations affectives: le père, la mère, l'époux jaloux, l'amant. Image de vie: la source. Chacune de ces images comporte sa part de vérité et joue un rôle positif dans la conscience de la communauté croyante. Mais, les dominant toutes, reste la question solennelle: «D'après qui pourriez-vous imaginer

Dieu? Et quelle image pourriez-vous en offrir?» (Is 40, 18.25).

Ce qu'on connaît, par la foi, de ce mystère insondable, ne fait qu'aiguiser le désir de connaître davantage. Déjà, dans la Bible, la Sagesse annonce: «Venez à moi, vous qui me désirez... ceux qui me mangeront auront encore faim, ceux qui me boiront auront encore soif» (Si 24, 19.21). Loin d'éteindre le désir, la relation à Dieu l'empêche de s'arrêter sur quelque objet que ce soit. La relation à Dieu garde le désir ouvert. La rencontre de l'Autre dans la foi constitue ainsi une libération du désir.

La relation à Dieu vient donc confirmer l'humain comme être de désir. Elle lui fait par contre violence en disqualifiant des voies où il est tenté de s'engager quand il cherche à se réaliser. Pour la foi des chrétiens, l'avoir, le pouvoir et le prestige sont des idoles, c'est-à-dire des buts qu'il est facile d'ériger en absolu et desquels on attend la vie. C'est une voie «autre», on le sait, que l'Autre a empruntée quand il s'est fait l'un de nous: celle du service, de l'amour et du pardon. Voilà pour tout croyant une voie toujours déconcertante qui oblige à une conversion permanente. Nous retrouvons ici des thèmes élaborés ailleurs dans ce livre quand il a été question de conversion et quand on a parlé de continuité et de rupture par rapport aux aspirations humaines fondamentales.

C'est ainsi que la relation à l'Autre, dans la mesure où elle le laisse être Autre, invite à devenir soi-même en vérité et le permet.

L'autre ou le prochain

Jésus a placé l'amour du prochain au cœur de l'existence humaine et les textes bibliques abondent pour dire le rôle déterminant de l'amour de l'autre, même de l'inconnu et même de l'ennemi, pour la vérité de l'expérience spirituelle.

«Si quelqu'un dit: "J'aime Dieu" et qu'il déteste son frère, c'est un menteur: celui qui n'aime pas son frère qu'il voit, ne saurait aimer le Dieu qu'il ne voit pas» (1 Jn 4, 20).

Voilà donc où conduit le mouvement de la foi chez les chrétiens: à un décentrement progressif de soi pour entrer en communion avec les autres. «Si vous aimez ceux qui vous aiment, quel gré vous en saura-t-on? Même les pécheurs aiment ceux qui les aiment. Au contraire, aimez vos ennemis, faites du bien...» (Lc 6, 32-35). La perfection chrétienne, pour autant qu'une telle chose existe, est très loin de la recherche narcissique de l'épanouissement personnel ou de la perfection morale considérées comme fin véritable de l'existence. Le commandement de l'amour du prochain apparaît comme un don extraordinaire fait à l'humanité, une voie d'accomplissement qui signale l'impasse de la centration sur soi et ouvre les chemins libérateurs de la communion.

Rien de facile dans cette voie, au contraire. Comme le dit bien la prescription biblique, il faut aimer son prochain «comme on s'aime soi-même» (Lv 19, 18; Mc 12, 31). Qui ne s'aime pas ne peut aimer vraiment. Il y a des formes d'oubli de soi qui, malgré les apparences, n'ont rien de l'amour véritable et donc rien de chrétien. Elles sont plutôt une fuite de soi-même, un refus de s'affirmer ou de s'opposer. Ce n'est pas en se mettant entre parenthèses que l'on aime l'autre, mais bien à partir de sa propre richesse d'être. On l'a rappelé au début de ce chapitre: plus on accède à une identité bien différenciée, plus on est capable d'entrer en relation vraie avec l'autre. Le pendant du commandement de s'aimer comme soi-même, c'est de s'aimer comme Jésus nous a aimés (Jn 13, 34), et Jésus nous a aimés comme le Père l'a aimé lui-même (Jn 15, 9). Qui ne voit que pareil amour provient d'une insondable richesse d'être et d'une pleine maîtrise de son altérité?

Les occasions ne manquent pas, dans la vie adulte, de donner forme à ce passage dans la relation à l'autre. Mais le fossé entre la foi et la vie est parfois si large que plusieurs ne saisissent pas quel rapport ont avec la foi la vie conjugale, la vie familiale ou la vie professionnelle. Ce n'est pourtant jamais hors de la réalité que Dieu se donne à connaître.

Le métier ou la profession est un lieu privilégié où il est possible d'apprendre le décentrement de soi. Plusieurs adultes expérimentent leur travail comme une contribution explicite au mieux-être de leurs concitoyens ou de la société en général et comme une sorte d'héritage à l'intention de la génération qui suit. La vie professionnelle ne facilite pas toujours cette ouverture à l'autre. Certaines occupations déshumanisent les personnes par leur caractère mécanique ou routinier; plusieurs milieux valorisent à l'extrême la compétition et la course aux promotions, ou imposent aux travailleurs des contraintes et des contrôles très lourds. Il apparaît alors combien «Aimer son prochain comme soi-même» n'est pas un appel au romantisme.

L'expérience d'être conjoint et celle d'être parent sont peut-être celles qui demandent le plus de décentrement et de désintéressement. L'amour conjugal est une ouverture presque inconditionnelle, une disposition à se réjouir de ce que l'autre devient et peut devenir, à respecter, apprécier et faciliter cette croissance. Il arrive certes, trop souvent, que la relation soit à ce point détériorée que la séparation soit la seule issue. On n'aime plus l'autre comme soi-même quand la relation à l'autre nous détruit. Mais ce n'est pas à partir de l'échec que l'on connaît le mieux la nature de l'amour de l'autre: l'amour qui dure existe. Il existe comme un appel et une promesse, presque un rêve, diront certains. Il implique une foi tenace en l'autre et une promesse de rester, dans la maladie comme dans la santé, dans l'échec comme dans le succès, dans la faute comme dans la fidélité, témoin et support de la croissance de l'autre.

De même, être parent constitue une des plus grandes expériences de décentrement qu'un être humain puisse connaître. La présence des enfants bouscule considérablement la vie de chacun des parents et la vie du couple comme tel. Elle conditionne les horaires, oblige à renoncer à des activités et à des projets de toutes sortes tant sur le plan du travail que sur le plan des loisirs. Elle invite à prendre à cœur la croissance des enfants, à inventer des expériences de maturation de leur liberté et de leur intelligence, à créer un milieu stimulant qui leur permette de s'insérer dans une tradition et d'être des artisans de renouvellement de la vie.

Tous les adultes savent combien il est difficile d'être conjoint et d'être parent. Aussi bien dans la relation au partenaire que dans la relation à l'enfant, les pièges de la domination et de la manipulation sont là comme autant d'embûches, de même que la tentation de régresser vers une relation fusionnelle et indifférenciée, rappel de l'état originel de béatitude dont la nostalgie est profondément inscrite dans le psychisme.

La relation à l'autre est vraiment au cœur du devenir humain et ce n'est pas sur un autre terrain que la révélation chrétienne envoie les croyants.

Le rôle de la communauté chrétienne

La communauté des croyants est le lieu privilégié où la foi se reçoit et se nourrit. Elle est une sorte de laboratoire de la pratique évangélique. Plus large que le mouvement spirituel ou le groupement de militants, où l'on se retrouve sur la base d'affinités et de sensibilités communes ou sur la base d'un projet et d'un engagement partagé, la communauté chrétienne est essentiellement ouverte à tous les chercheurs de Dieu, à tous les chercheurs de sens pour qui la figure de Jésus est devenue lumière sur la route. Toutes les tranches d'âge s'y retrouvent, toutes les situations de vie y sont représentées. Microcosme d'humanité, la communauté chrétienne est un lieu où s'expérimente l'universalité de l'appel de Dieu.

C'est également un lieu de support et d'entraide. On y partage les préoccupations de la vie, on soutient ceux qui sont dans le besoin. On y relit l'Écriture, on expérimente la solidarité dans la prière. La communauté est un lieu privilégié où se donne à expérimenter le si difficile et si nécessaire pardon. C'est aussi là d'abord que l'on peut prendre la parole sur sa foi, ce que plusieurs trouvent si difficile, voire impossible, dans leur milieu de travail ou même dans leur famille. Or, une foi qui n'arrive jamais à se dire reste informe.

Sans doute s'agit-il là d'un idéal qui apparaîtra à plusieurs un peu théorique. Peu de communautés existent où tout cela puisse être effectivement expérimenté. La communauté chrétienne est, elle aussi, de l'ordre du projet. Dans une société urbaine où les tissus de base se font et se défont constamment, dans une société libérale qui promeut l'individualisme et le chacun pour soi, dans une culture où la recherche de sens est vue comme une affaire personnelle, le projet est toujours à reprendre. Pourtant, le besoin est bien là, et un véritable renouveau communautaire est en train de se réaliser, peut-être moins idéaliste que celui de la fin des années 1960 et du début des années 1970, mais tout autant enraciné dans les exigences de la condition chrétienne.

En attendant, le cheminement de foi de plusieurs adultes est soutenu par la lecture et la méditation de la Bible, par la fidélité à la prière personnelle, par la rencontre épisodique ou régulière avec d'autres croyants, et même par la participation à des eucharisties célébrées sans que l'assemblée veuille vraiment faire communauté. Il existe beaucoup de croyants «en attente de communauté» qui expérimentent le caractère personnel de la foi tout en étant privés de ce laboratoire de pratique évangélique que devrait être la communauté chrétienne.

Mais peu importe, en un sens. Car la communauté peut, elle aussi, être un piège pour les croyants. Plus elle est vivante, plus elle court le risque de se replier sur elle-même et de monopoliser au service de sa vie interne les énergies de ses membres les plus dynamiques. C'est oublier que le laboratoire n'est pas le terrain réel. Les engagements sociaux, professionnels, politiques et familiaux sont les lieux véritables de la pratique évangélique et de la communion à bâtir. Et de la croissance des adultes dans la foi.

Épilogue

Pendant la rédaction du livre que vous venez de lire, un autre était en train de s'écrire. À l'encre du courage, du risque, du provisoire, des échecs et des reprises. C'est celui qu'écrivent par leur vie les jeunes adultes d'aujourd'hui.

On a pu observer que les grilles d'interprétation de la réalité que nous avons utilisées sont relativement récentes: elles sont apparues au cours de ce siècle et surtout dans les trente dernières années. Il est trop tôt pour voir comment elles s'harmonisent et quelles sont les corrélations indubitables qui pourraient être établies entre elles.

Mais surtout, on ne sait pas encore jusqu'où elles révèlent des itinéraires permanents. Car elles portent aussi la marque de l'époque et du milieu où elles ont été élaborées.

Or ce milieu a rapidement changé. Les jeunes adultes poursuivent leur recherche spirituelle par des voies que Fowler et les autres chercheurs n'ont pas connues. Ils avancent à distance des institutions, en puisant à des sources très diverses, en faisant beaucoup plus de place au corps, aux émotions, à une conscience globale et beaucoup moins aux certitudes dogmatiques et aux traditionnelles figures d'identification.

Dans dix ou vingt ans, ils diront, peut-être, l'histoire de leur traversée fulgurante du désert, guidée par la colonne de feu et protégée par la nuée.

Ce sera le tome II d'«Une foi d'adulte».

Bibliographie

En langue française

Centre national de l'Enseignement religieux, *Formation chrétienne des adultes*, Paris, Desclée, 1986.

Cet ouvrage a été rédigé d'abord pour le bénéfice des responsables de formation dans l'Église. Il présente une vision de l'adulte croyant identique à celle qui est développée ici.

André Fossion et Louis Ridez, *Adultes dans la foi. Pédagogie et catéchèse*, Paris/Tournai/Bruxelles, Desclée/Lumen Vitae, 1987.

Ce livre vise d'abord lui aussi un public d'éducateurs. Le chapitre 3, intitulé «Une sagesse pour chrétiens adultes» et rédigé par Charles Lefèvre, présente des perspectives complémentaires à celles que nous proposons ici.

E. et J. Whitehead, *Les étapes de l'âge adulte. Évolution psychologique et religieuse*, Paris, Centurion, 1990.

Dans un des rares ouvrages américains traduits en français, les auteurs développent les défis propres à l'adulte chrétien à chacun des trois stades de la vie adulte décrits par le psychologue Erik Erikson.

Jean-François Six, *La foi et l'incroyance ne sont pas ce qu'on croit*, Paris, Centurion, 1979.

Ce petit livre était prophétique, aussi n'a-t-il pas vieilli. Il montre bien comment croire aujourd'hui est différent de l'expérience qu'ont connue les croyants des derniers siècles.

Christus, n° 143 (juillet 1989).

Ce numéro est placé sous le thème de «Les âges de la vie spirituelle». On y trouve un article intéressant de Robert Comte, «La structuration de la foi personnelle» (pp. 264-275) qui reprend certains des principaux thèmes de ce livre. On lira aussi avec intérêt la contribution de Maurice Bellet, «Passer par le feu» (pp. 294-305), qui montre de façon prenante que l'évolution intérieure personnelle du croyant adulte peut le conduire au-delà des sentiers battus, dans une éprouvante solitude.

En langue anglaise

Il est nécessaire de recommander deux ouvrages fondamentaux qui n'ont malheureusement pas été traduits en français.

John H. Hull, *What Prevents Christian Adults From Learning*, Londres, SCM Press, 1985.

À mon avis, l'ouvrage le plus original et le plus personnel sur l'adulte croyant au cours de la dernière décennie. Bien documenté, le livre veut aider les responsables de formation et d'éducation de la foi des adultes à comprendre l'adulte croyant contemporain.

James W. Fowler, *Stages of Faith. The Psychology of Human Development and the Quest for Meaning*, San Francisco, Harper & Row, 1981.

Premier des ouvrages de Fowler, c'est la référence fondamentale pour qui veut connaître à la fois sa méthodologie et comprendre son schéma théorique. La lecture est rendue facile par les extraits d'interviews qui parsèment le livre.

On pourrait ajouter à cette liste

Kenneth Stokes, *Faith Is A Verb, Mystic*, Twenty-Third Publications, 1989.

Ce petit livre écrit dans un style alerte et accessible présente les principales conclusions de la recherche sur le développement de la foi dans le cycle de la vie adulte et en expose quelques implications pastorales et éducatives.

Table des matières

Déjà parus dans la même collection:

La famille	Marcel Lefebvre
Le paganisme	Henri Maurier
La mort	Henri Bourgeois
L'Islam	Roger Arnadez
Satan	Georges Tavard
Mourir	Hubert Doucet
Le prêtre	Xavier de Chalendar
L'inculturation	Achiel Peelman
Le développement moral	André Guindon
L'inquisition	Henri Maisonneuve
Chrétiens dans la cité	Jérôme Régnier
Le dimanche	Pierre Jounel
Dieu	Jean Richard
Les prophètes	Walter Vogels
Une foi d'adulte	Paul-André Giguère
Le péché	Pierre Gaudette